Peter Unruh

Religionsunterricht und Religionsfreiheit

Peter Unruh

Religionsunterricht und Religionsfreiheit

Zur Fortentwicklung des Rechts auf religiöse Bildung in der Schule

Mohr Siebeck

Peter Unruh, Geboren 1965; 1993 Promotion; 2001 Habilitation; Präsident des Landeskirchenamtes der Evangelisch-Lutherischen Kirche in Norddeutschland und apl. Professor für Öffentliches Recht, Europarecht und Rechtsphilosophie an der Georg-August-Universität Göttingen.
orcid.org/0009-0007-6323-6378

ISBN 978-3-16-200071-2 / eISBN 978-3-16-200072-9
DOI 10.1628/978-3-16-200072-9

Die Deutsche Nationalbibliothek verzeichnet diese Publikation in der Deutschen Nationalbibliographie; detaillierte bibliographische Daten sind über *https://dnb.dnb.de* abrufbar.

Gedruckt auf alterungsbeständiges Papier. Satz: Laupp und Göbel, Gomaringen.

Mohr Siebeck GmbH & Co. KG, Wilhelmstraße 18, 72074 Tübingen, Deutschland
www.mohrsiebeck.com, info@mohrsiebeck.com

Vorwort

Neuere sowie tiefgreifende religionssoziologische Entwicklungen und religionspädagogische Erkenntnisse erfordern eine ebenso neue wie tiefgreifende Reflexion über den Fortbestand und die künftige Konfiguration der religiösen Bildung in der Schule in Gestalt des Religionsunterrichts. Die aktuelle Dogmatik zum einschlägigen Art. 7 Abs. 2 und 3 GG, die sich i.W. an einem Leiturteil des BVerfGs aus dem Jahr 1987 orientiert, erweist sich an vielen Stellen als Hemmschuh der zeitgemäßen Fortentwicklung dieses Unterrichts. Diese Fortentwicklung ist notwendig, wenn und soweit der Religionsunterricht nach Maßgabe des Grundgesetzes eine Zukunft haben soll. Es ist daher zu fragen, ob sich die (religions-)verfassungsrechtlichen Grundlagen in dogmatisch konsistenter und kohärenter Weise und damit überzeugend so erweitern lassen, dass neuere und z.T. in der Praxis auch schon etablierte bzw. erprobte Modelle des Religionsunterrichts unter dem normativen Dach des Art. 7 Abs. 2 und 3 GG Aufnahme finden. Mit der vorliegenden Studie wird der Versuch einer affirmativen Antwort unternommen, die den Fokus vor allem auf den Konnex zwischen dem Religionsunterricht und der Religionsfreiheit aus der religionsverfassungsrechtlichen Zentralnorm des Art. 4 Abs. 1 und 2 GG richtet.

Der Keim der Studie ist in einem Vortrag im Rahmen einer Tagung bzw. eines „RU-Laboratoriums“ zum Thema „Zukunftsperspektiven für religiöse Bildung im öffentlichen Raum der Schule“, die vom Comenius-Institut, dem PTI der Nordkirche und dem Bonner evangelischen Institut für berufsorientierte Religionspädagogik im Frühjahr 2025 in Bonn veranstaltet wurde, gesetzt worden.

Mein Dank gilt den Veranstaltern für die Ermutigung, die dort vorgetragenen Gedanken zu vertiefen und in die nun vorliegende Form zu bringen. Dies gilt insbesondere für die Unterstützung der Publikation durch das PTI der Nordkirche und ihren Leiter, Herrn Hans-Ulrich Keßler. Zu danken habe ich ferner für den lehrreichen Austausch zwischen Wissenschaft und Praxis mit den Teilnehmenden an der Tagung und darüber hinaus mit den Fachkolleginnen und Fachkollegen aus dem Religionsverfassungsrecht. Ein weiterer Dank gilt der vorbildlichen Betreuung durch den Verlag und hier insbesondere Frau Daniela Taudt-Wahl sowie Frau Julia Pirwitz und Herrn Jörg Petersen für das Korrekturlesen. Schließlich danke ich BA phil. et stud. iur. Meret Unruh sowie stud. iur. Bendix Unruh (nicht nur) für die Gelegenheit zu Fachgesprächen sowie Anke Dominik-Unruh für alles, was sich im Grunde nicht in Worte fassen lässt.

Peter Unruh

Inhaltsverzeichnis

Abkürzungsverzeichnis

a. A.	andere(r) Ansicht
Abs.	Absatz
AöR	Archiv des öffentlichen Rechts
Art.	Artikel
Aufl.	Auflage
BayVBl.	Bayerische Verwaltungsblätter
Bbg.	Brandenburg
Bd.	Band
BK	Bonner Kommentar zum Grundgesetz
BVerfG	Bundesverfassungsgericht
BVerfGE	Entscheidung(en) des Bundesverfassungsgerichts
BVerfGG	Bundesverfassungsgerichtsgesetz
BVerwG	Bundesverwaltungsgericht
BVerwGE	Entscheidung(en) des Bundesverwaltungsgerichts
bzw.	beziehungsweise
c.	canon
CIC	Codex Iuris Canonici
CRU	Christlicher Religionsunterricht
ders.	derselbe
d. h.	das heißt
dies.	dieselbe
DÖV	Die Öffentliche Verwaltung
DVBl.	Deutsches Verwaltungsblatt
ed.	edition
EinigungsV	Einigungsvertrag
EKBO	Evangelische Kirche Berlin-Brandenburg-schlesische Oberlausitz
EMRK	Europäische Menschenrechtskonvention

EssGspr.	Essener Gespräche zum Thema Staat und Kirche
EU	Europäische Union
EuGH	Europäischer Gerichtshof
EUV	Vertrag über die Europäische Union
f.	folgende
ff.	fortfolgende
GBl.	Gesetzblatt
GG	Grundgesetz
Ggf.	gegebenenfalls
GVBl.	Gesetz- und Verordnungsblatt
HChE	Herrenchiemseer Entwurf (zum Grundgesetz)
HevKR.	Handbuch des evangelischen Kirchenrechts
HKKR	Handbuch des katholischen Kirchenrechts
Hrsg.	Herausgeber
hrsg.	herausgegeben
HStKR	Handbuch des Staatskirchenrechts der Bundesrepublik Deutschland
i. E.	im Ergebnis
i. S. d.	im Sinne der/des
i.Ü.	im Übrigen
i. V. m.	in Verbindung mit
i.W.	im Wesentlichen
JZ	Juristenzeitung
LER	Lebensgestaltung-Ethik-Religionskunde
LKV	Landes- und Kommunalverwaltung
m. w. N.	mit weiteren Nachweisen
NJ	Neue Justiz
NJW	Neue Juristische Wochenschrift
NVwZ	Neue Zeitschrift für Verwaltungsrecht
PrALR	Allgemeines Landrecht für die Preußischen Staaten von 1794
RdJB	Recht der Jugend und der Bildung
Rn.	Randnummer
RufA	Religionsunterricht für Alle

S.	Seite/Satz
Sp.	Spalte
std. Rspr.	ständige Rechtsprechung
u. a.	unter anderem/und andere
USA	United States of America
u.zw.	und zwar
v.	von
Vgl.	vergleiche
VVDStRL	Vorträge der Vereinigung der Deutschen Staatsrechtslehrer
WRV	Weimarer Reichsverfassung von 1919
z. B.	zum Beispiel
ZevKR	Zeitschrift für evangelisches Kirchenrecht
z.T.	zum Teil

A. Einleitung

Wie in einem Brennglas zeigen sich in der Betrachtung des Religionsunterrichts die Herausforderungen, denen das Verhältnis von Staat und Religion unter dem Grundgesetz nach zuvor langen Jahrzehnten seiner ruhigen und weitestgehend konsensualen Entwicklung ausgesetzt ist. Die seit dem letzten Drittel des 20. Jahrhundert zunehmende Säkularisierung und Individualisierung der Gesellschaft, die Pluralisierung der Religion, die im i.Ü. allen vermeintlich humanistisch-aufklärerischen Bemühungen um ihre nachhaltige Verdrängung aus der Gesellschaft auch in Westeuropa trotzt, sowie die unverkennbaren religionssoziologischen und religionsdemografischen Verschiebungen setzen auch die Praxis des Religionsunterrichts unter Veränderungsdruck.[1] Hinzu kommen theologische, ökumenische und religionspädagogische Impulse.[2] So haben sich in den letzten Jahrzehnten trotz stabiler religionsverfassungsrechtlicher Grundlage erhebliche praktische Veränderungen in der Gestaltung des Religionsunterrichts ergeben.[3] Diese Entwicklung hat Diskussions- und Klärungsbedarfe auf den Feldern der Theologie, der Kirchen-

---

[1] Ähnlich *von Scheliha/Wißmann*, S. 2. Zu den aktuellen Rahmenbedingungen und Tendenzen des Religionsverfassungsrechts siehe ebd., S. 7 ff., und *Unruh*: Religionsverfassungsrecht, Rn. 47 ff. m. w. N. Insbesondere zum religionssoziologischen Wandel siehe *Pollack*, S. 9 ff.

[2] Vgl. *Simojoki/Lindner/Hense/Heinig*, S. 2

[3] So diagnostiziert *Wißmann*: Konfession und Kooperation, S. 55 (56) einen „Querstand – hohe verfassungsrechtliche Stabilität, zugleich erhebliche Veränderungen als praktischer Normalfall."

theorie und des Kirchenrechts sowie der Religionspädagogik erzeugt.[4] Die in der oder für die Praxis gefundenen oder diskutierten Lösungen reichen den Veränderungsdruck inzwischen (auch) an das Recht weiter, nachdem sie lange „unter dem Radar des Religionsverfassungsrechts" gefahren sind.[5] Sie werfen nämlich – zuweilen explizit, zumeist aber implizit – die Frage auf, ob sich diese Lösungen noch im Rahmen der (religionsverfassungs-) rechtlichen Vorgaben für den Religionsunterricht bewegen. Dieser Frage soll im Folgenden in drei Schritten und mit einer besonderen Perspektive auf den Konnex von Religionsunterricht und Religionsfreiheit nachgegangen werden.

In einem ersten Schritt (B.) werden die historischen Ausgangs- sowie die rechtlichen und tatsächlichen Rahmenbedingungen der Ausgangsfrage nachgezeichnet.

Im zweiten Schritt (C.) werden der Religionsunterricht im religionsverfassungsrechtlichen System des Grundgesetzes verortet und dogmatisch relevante Verbindungslinien zum Fundament dieses Systems, dem Grundrecht auf Religionsfreiheit, gezogen.

Im dritten Schritt (D.) wird dann das normative Entwicklungspotential dieses Konnexes von Religionsunterricht und Religionsfreiheit freigelegt. Auf dieser Grundlage wird ein Vorschlag unterbreitet, wie das praktische Erfordernis einer Fortentwicklung religiöser Bildung in der Schule religionsverfassungsrechtlich abgesichert werden könnte.

Den Abschluss bildet eine kurze Zusammenfassung der Ergebnisse in Form von Thesen (E.).

---

[4] Siehe dazu u. a. *Munsonius*: Zur Übereinstimmung, S. 92 (95 ff.); aus der Perspektive des römisch-katholischen Kirchenrechts siehe *Hense*: Anmerkungen, S. 109 ff.

[5] *Wißmann*: Konfession und Kooperation, S. 55 (59).

B. Ausgangs- und Rahmenbedingungen

Grundlage jeder seriösen Antwort auf die Frage nach den Bedingungen der Möglichkeit einer Fortentwicklung des Religionsunterrichts ist eine Analyse der rechtlichen und tatsächlichen Ausgangs- und Rahmenbedingungen. Insofern ist zunächst ein Blick auf das aktuell maßgebliche Recht und die real praktizierten Modelle des Religionsunterrichts zu werfen. Im Hinblick auf das geltende Recht sind separat die einschlägige Norm und deren Auslegung zu betrachten.

I. Die normative Regelung des Religionsunterrichts

Ein obligatorischer, staatlicher Religionsunterricht, der inhaltlich von den Religionsgemeinschaften verantwortet wird, ist europaweit eine Ausnahme. Eine solche Ausnahme besteht für die drei elsässischen Departements Haut-Rhin, Bas-Rhin und Moselle. Hier wird konfessioneller Religionsunterricht für römisch-katholische, evangelisch-reformierte und evangelisch-lutherische sowie für jüdische Schülerinnen und Schüler erteilt. Im übrigen Frankreich kann religiöse Bildung nur außerhalb des staatlichen Schulsystems erfolgen; sie ist hier eine private Angelegenheit.[1] In Italien ist der römisch-ka-

[1] Vgl. *Messner*, S. 213 (223 ff.). Im ehemaligen Elsaß-Lothringen gilt noch das Konkordat von 1801, das den konfessionellen Religionsunterricht in staatlicher Trägerschaft garantiert.

tholische Religionsunterricht ein Wahlfach in allen staatlichen Schulen.[2] Ähnlich ist in Spanien konfessioneller Religionsunterricht im Rahmen öffentlicher Schulen zumindest möglich.[3] In Schweden ist Religion als ordentliches Schulfach vorgeschrieben, wird aber nicht-konfessionell, also als Religionskunde unterrichtet.[4] In Dänemark wird Christentumslehre („Kristendomskundskab") als obligatorisches, aber nichtverkündendes, also nicht-konfessionelles Fach unterrichtet.[5] Der Blick über Europa hinaus zeigt, dass auch in den Vereinigten Staaten von Amerika aufgrund der dortigen Trennung von Staat und Kirchen nach Maßgabe der wall-of-separation-Doktrin an öffentlichen Schulen kein Religionsunterricht erteilt wird.[6]

Eine weit reichende Ausnahme wird durch das Grundgesetz für die Bundesrepublik Deutschland normiert. Ein adäquates Verständnis dieser normativen Regelung des Religionsunterrichts ist ohne eine zumindest rudimentäre Kenntnis seiner historischen Entwicklung nicht zu erreichen. Für diesen Zweck und äußerst holzschnittartig können drei Phasen unterschieden werden.

1. Kirche, Schule und Religionsunterricht vor 1919

Über Jahrhunderte der europäischen Geschichte hinweg standen auch die elementaren Bildungseinrichtungen in der

---

[2] Vgl. *Mazzola*, S. 265 (272).
[3] Vgl. *Ibán*, S. 195 (205).
[4] Vgl. *Friedner*, S. 641 (649 f.)
[5] Vgl. *Vinding*, S. 87, (96 f.).
[6] Dazu ausführlich *Walter*: Religionsverfassungsrecht, S. 128 ff.; zum Wandel ebd., S. 160. Zum Begriff der „wall of separation", der „Establishment Clause" und der „Free Exercise Clause" des First Amendment der Verfassung der USA siehe *Rosenkötter*, S. 17 ff.

Trägerschaft der christlichen Kirche, bzw. später der christlichen Kirch*en*.[7] Daher gilt: „Die Geschichte des deutschen Schulwesens – wie auch diejenige Westeuropas überhaupt – wurzelt in der Geschichte der christlichen Kirche."[8] Die ursprünglich allein für die Ausbildung des Klerus und insbesondere der Mönche gedachten kirchlichen Bildungseinrichtungen wurden alsbald auch von einer signifikanten Anzahl von Schülern besucht, die nicht in der Sphäre der Geistlichkeit verbleiben, sondern mithilfe der vermittelten Bildung weltliche Berufe anstreben wollten. Daher entwickelten sich die Klosterschulen bald nach ihrer Entstehung zu den wichtigsten Bildungseinrichtungen des Mittelalters, in denen natürlich auch Religion unterrichtet wurde.[9] Daneben entstanden Domschulen, in denen weltliche Schüler – zumeist mit im Vergleich zu den Klosterschulen identischen Stundenplänen – unterrichtet wurden. Es blieb aber beim „Monopol der Kirche in Bildung und Unterricht".[10] Die im Zuge des mittelalterlichen Erstarkens der Städte etablierten kommunalen Lateinschulen orientierten sich auch an dem zentralen Kanon von Latein, Religion und Musik.[11] Das kirchliche Monopol auf die Ausgestaltung des Unterrichts wurde durch diese und andere alternative Schulformen im Mittealter nicht gebrochen. Erst die Reformation sollte hier eine grundlegende Veränderung zumindest einleiten: „Die Reformatoren erkannten bald, dass es nicht nur eines Lehrplans für die religiöse Unterweisung bedurfte, sondern dass neue Schulen eingerichtet werden mussten, damit das ganze Volk im Lesen unterrichtet

---

[7] Vgl. *Helmreich*, S. 17 ff.; *Grethlein*, Sp. 388 ff.; *Czermak/Hilgendorf*, S. 154.

[8] *Helmreich*, S. 17.

[9] *Helmreich*, S. 17.

[10] *Helmreich*, S. 19.

[11] *Helmreich*, S. 22.

werden konnte. Hauptziel allen Unterrichts waren die Erziehung von Christenmenschen und die Vorbereitung der Kinder auf die Teilnahme am kirchlichen Leben."[12] Das Resultat bestand in der Errichtung staatlicher Schulen mit kirchlicher Aufsicht sowie in der nachhaltigen Trennung von römisch-katholischen und protestantischen Schulen.

Der Prozess einer langsamen Ablösung der Bildungsverantwortung von der Kirche und ihrer Zuordnung zum Staat begann im 18. Jahrhundert und im Zuge der Aufklärung. Ein Meilenstein der Entwicklung wurde mit dem Generallandschulreglement *Friedrichs des Großen* von 1763 geformt. Danach wurde der Schulbesuch verpflichtend und das Fach Religion stand an herausgehobener Stelle. Die Schulen wurden allerdings immer noch als Teil der kirchlichen Organisation angesehen, und die kirchliche Aufsicht über den gesamten Unterricht wurde ausdrücklich gesetzlich verankert und abgesichert.[13] Unter dem Einfluss der Bildungstheorie aus *Rousseaus* „Emile", der philanthropischen Bewegung *Basedows* und dem Neuhumanismus von *Klopstock* und *Lessing* konnte die Verbindung zwischen staatlicher Bildungsverantwortung und kirchlicher Aufsicht zumindest normativ lockern. Paradigmatisch für diese Entwicklung, wenn auch in seiner Wirkung territorial begrenzt, wurde das Allgemeine Landrecht der Preußischen Staaten von 1794 (PrALR). Danach sollte die Aufsicht über die Schule künftig dem Staat zukommen. In der Praxis verblieb die Schulaufsicht aber bei der Kirche bzw. bei den Pfarrern. Religion und Religionsunterricht unterlagen zudem einer rein funktionalen, d. h. auf die Zwecke des Staates ausgerichteten Betrachtung. So lautete § 13 im Zweiten Teil und dort im 11. Abschnitt des PrALR: „Jede Kirchengesell-

---

[12] *Helmreich*, S. 26.

[13] *Helmreich*, S. 59.

schaft ist verpflichtet, ihren Mitgliedern Ehrfurcht gegen die Gottheit, Gehorsam gegen die Gesetze, Treue gegen den Staat, und sittlich gute Gesinnungen gegen ihre Mitbürger einzuflößen."[14] Insgesamt wurde auch mit dem PrALR noch keine vollständige Lösung des Schulwesens von den Kirchen vollzogen. Seine einschlägigen Regelungen blieben Programm und Auftrag, nach denen die schulische Realität erst gestaltet werden sollte.[15] Über diesen Status ist das Verhältnis von Schule und Kirchen deutschlandweit im gesamten 19. Jahrhundert nicht hinausgekommen. Auch die neu aufkommenden Simultanschulen konnten „weder dem Religionsunterricht noch dem konfessionellen Charakter des Religionsunterrichts ein Ende setzen.[16]

2. Die Weimarer Reichsverfassung von 1919

Eine Epochenwende trat dann mit dem Erlass der Weimarer Reichsverfassung (WRV) von 1919 ein. Es ist heute kaum mehr nachvollziehbar, dass die Verständigung über die Regelungen zu Religion und Schule zur Zerreißprobe der damaligen Verfassunggebung wurde.[17] Im Einzelnen und cum grano salis standen sich konservative Parteien und sozialistische Strömungen gegenüber; erstere mit ihrer Forderung, in Sachen Schule und Religion im Grunde alles beim Alten zu las-

---

[14] Zur religiösen Bildung nach Maßgabe des PrALR siehe u.a. *Helmreich*, S. 67 ff., und *Korioth*: Der Auftrag des Religionsunterrichts, S. 7 (10).

[15] Nach wie vor lesens- und bemerkenswert *Landé*, S. 690 (711): Die einschlägigen Regelungen des PrALR waren „zunächst doch nur Anfang, Programmsatz: die Schulen *waren* um 1800 nicht schon des Staates, sie *sollten* es sein." (Hervorhebungen im Original)

[16] *Helmreich*, S. 77 f.

[17] Zum sog. „Kulturkompromiss" der Weimarer Reichsverfassung siehe u.a. *Link*: Kirchliche Rechtsgeschichte, § 26, Rn. 9 ff. m. w. N.

sen, letztere mit dem Petitum, ein laizistisches System nach französischem Vorbild zu etablieren.[18] Es ist hier nicht der Ort, detailliert auf die sog. Weimarer Schulkompromisse einzugehen, die es ermöglichten, eine Verständigung herbeizuführen.[19] Im Ergebnis wurden jedenfalls die letzten Reste der kirchlichen Schulaufsicht beseitigt, indem Art. 144 S. 2 WRV bestimmte, dass die staatliche Schulaufsicht nunmehr „durch hauptamtlich tätige, fachmännisch vorgebildete Beamte ausgeübt" wird. Der seinerzeit maßgebliche Kommentar zur Weimarer Reichsverfassung fasst die epochale Wirkung dieser Bestimmung in gerade zwei Sätzen zusammen: „Der Satz richtet sich gegen die sogenannte „geistliche Schulaufsicht" [...], d. h. gegen die früher fast in allen deutschen Ländern bestehende Übung, die Schulaufsicht in der örtlichen, auch wohl in der höheren (Kreis-, Bezirks-) Instanz, unter Wahrung ihres Charakters als Staatsfunktion, Geistlichen der Landeskirchen zu übertragen. Der „hauptamtlich tätige, fachmännisch vorgebildete Beamte" steht im Gegensatz zu dem nicht als Schulmann ausgebildeten, die Schulaufsicht nebenamtlich handhabenden Geistlichen."[20] Allerdings ist zugleich festzustellen, dass nicht alle Vorgaben der Weimarer Reichsverfassung für das Schulwesen und dessen Verhältnis zu den Kirchen auch umgesetzt wurden. So scheiterte der Versuch, ein Reichschulgesetz zu erlassen, mit der Folge, dass u. a. die staatliche Bekenntnisschule entgegen der qua Verfassung vorgesehenen Gemeinschaftsschule die Regel blieb.[21]

---

[18] Zu dieser Auseinandersetzung siehe u. a. *E.R. Huber*, S. 886 f., 939 ff., und *Ogorek*, Rn. 4 ff.

[19] Siehe dazu grundlegend *L. Richter*, S. 489 ff., und *Gusy*, S. 332 ff., jeweils m. w. N.

[20] *Anschütz*, S. 672 f.

[21] Vgl. *Landé*, S. 717 ff.

Die Aufnahme des Religionsunterrichts in den Abschnitt über „Bildung und Schule" im Zweiten Hauptteil des Verfassungswerks über „Grundrechte und Grundpflichten der Deutschen" war ebenfalls das Ergebnis eines Kompromisses zwischen an sich antagonistischen Positionen.[22] Während die eine Richtung die ungeschmälerte Fortführung des kirchlichen Religionsunterrichts u.a. aus den bekannten staatlich-funktionalen Motiven wünschte, wollte die andere Richtung Religion und kirchliche Einflüsse aus dem staatlichen Bildungswesen gänzlich eliminieren. Der Kompromiss verband sachlich die allgemeine staatliche Schulaufsicht mit der inhaltlichen Bindung des Religionsunterrichts an die Grundsätze der Religionsgemeinschaften. Er fand seine normative Gestalt in Art. 149 WRV:

> „(1) Der Religionsunterricht ist ordentliches Lehrfach der Schulen mit Ausnahme der bekenntnisfreien (weltlichen) Schulen. Seine Erteilung wird im Rahmen der Schulgesetzgebung geregelt. Der Religionsunterricht wird in Übereinstimmung mit den Grundsätzen der betreffenden Religionsgesellschaften unbeschadet des Aufsichtsrechts des Staates erteilt.
>
> (2) Die Erteilung religiösen Unterrichts und die Vornahme kirchlicher Verrichtungen bleibt der Willenserklärung der Lehrer, die Teilnahme an religiösen Unterrichtsfächern und an kirchlichen Feiern und Handlungen der Willenserklärung desjenigen überlassen, der über die religiöse Erziehung des Kindes zu bestimmen hat.
>
> (3) Die theologischen Fakultäten an den Hochschulen bleiben erhalten."[23]

---

[22] Zu den einschlägigen Diskussionen in der Weimarer Nationalversammlung siehe u.a. *Kühne*, S. 547ff., 554ff., 689ff.

[23] Zur zeitgenössischen Auslegung dieser Vorschrift siehe *Anschütz*, S. 688ff., und *Ebers*, S. 282ff.

3. Das Grundgesetz von 1949

Der Weg des Religionsunterrichts in das Grundgesetz von 1949 verlief keineswegs geradlinig. Zudem sind die einschlägigen Regelungen „(s)ehr späte Kinder der Verfassunggebung".[24] Der Herrenchiemseer Entwurf (HChE), d.h. die von Sachverständigen erarbeite Arbeitsgrundlage für die Erarbeitung des Grundgesetzes enthielt neben dem Grundrecht auf Religionsfreiheit keine weitere Regelung zum Religionsverfassungsrecht.[25] Zum einen wollte man die Verfassunggebung von absehbaren und grundsätzlichen Konflikten um die Kulturstaatlichkeit und die Wirtschaftsverfassung freihalten; zum anderen sollte gerade im Bereich von Schule und Bildung die Zuständigkeit der Länder gewahrt bleiben. Die Länder hatten zwischenzeitlich ihrerseits – allerdings z.T. stark divergierende – Regelungen zum Religionsunterricht erlassen. Nach massivem und auch in die allgemeine Öffentlichkeit getragenem Druck der beiden großen christlichen Kirchen auf den Parlamentarischen Rat wurden im Wege eines neuen Kompromisses zum einen maßgebliche sog. Kirchen-Artikel der WRV über Art. 140 GG in das Grundgesetz inkorporiert.[26] Zum anderen wurden im Abschnitt über die Grundrechte die Weimarer Artikel aus dem Abschnitt über „Bildung und Schule" zum Art. 7 GG „eingedampft".[27] Hier wurde nunmehr – und in unverkennbarer Anlehnung an Art. 149 WRV – auch der Religionsunterricht verortet. Der hier maßgebliche Art. 7 Abs. 1 bis 3 GG lautet:

---

[24] *Schlink/Poscher*, S. 17. Zur Entstehungsgeschichte des Art. 7 Abs. 2 und 3 GG siehe auch *Link*: Kirchliche Rechtsgeschichte, § 31, Rn. 4 ff. m. w. N.; *Stern*: Staatsrecht, Bd. IV/2, S. 489 ff., und *Frisch*, S. 589 (589 ff.); rechtsvergleichend *Starck*, S. 483 ff.

[25] Vgl. *Ogorek*, Rn. 6; *Schlink/Poscher*, S. 18.

[26] *Schlink/Poscher*, S. 21 ff.

[27] *von Scheliha/Wißmann*, S. 41.

> „(1) Das gesamte Schulwesen steht unter der Aufsicht des Staates.
> (2) Die Erziehungsberechtigten haben das Recht, über die Teilnahme des Kindes am Religionsunterricht zu bestimmen.
> (3) Der Religionsunterricht ist in den öffentlichen Schulen mit Ausnahme der bekenntnisfreien Schulen ordentliches Lehrfach. Unbeschadet des staatlichen Aufsichtsrechtes wird der Religionsunterricht in Übereinstimmung mit den Grundsätzen der Religionsgemeinschaften erteilt. Kein Lehrer darf gegen seinen Willen verpflichtet werden, Religionsunterricht zu erteilen."

Eine Einschränkung des territorialen Geltungsbereiches erfährt Art. 7 Abs. 3 S. 1 GG durch die Aufnahme des Art. 141 GG. In diesem Zusammenhang wirkte sich auch die föderale Ausrichtung des Grundgesetzes und hier der Umstand aus, dass die Verhältnisse in den Ländern sich zwischenzeitlich sehr unterschiedlich entwickelt hatten.[28] Den unmittelbaren Anlass für die Aufnahme dieser Vorschrift in das Grundgesetz lieferte Bremen, das seine besondere Form der schulischen Vermittlung religiöser Lehrinhalte gewahrt sehen wollte. Daher wird Art. 141 GG auch zutreffend als „Bremer Klausel" bezeichnet.[29] Sein Anwendungsbereich ist gleichwohl nicht auf Bremen beschränkt. Art. 141 GG ist rechtstechnisch als eng auszulegende Ausnahmevorschrift zu Art. 7 Abs. 3 S. 1 GG anzusehen: Wie Art. 7 Abs. 3 S. 2 GG die bekenntnisfreien Schulen *sachlich* aus dem Anwendungsbereich des Art. 7 Abs. 2 und 3 GG ausnimmt, so bestimmt

---

[28] *Schlink/Poscher*, S. 38. Zur Entstehungsgeschichte des Art. 141 GG siehe ebd., S. 39 ff., und *Gröschner*, in: H. Dreier (Hrsg.), Art. 141 Rn. 4 ff.
[29] Vgl. *Ogorek*, Rn. 92.

Art. 141 GG eine *raumbezogene* Ausnahme vom Geltungsbereich des Grundrechts auf Religionsunterricht. In systematischer Hinsicht ist Art. 141 GG so zu lesen, als wäre er unmittelbar in Art. 7 Abs. 3 S. 1 GG integriert.

Der Regelungsgehalt des Art. 141 GG besagt, dass das Grundrecht aus Art. 7 Abs. 3 S. 1 GG, d. h. das Recht auf Schaffung und Erhaltung der Bedingungen der Möglichkeit von Religionsunterricht, dort nicht gilt, wo am 1.1.1949 kraft Landesrechts eine andere Regelung galt.[30] Als „andere landesrechtliche Regelung" kommen nur Landesverfassungen, Landesgesetze und Landesrechtsverordnungen in Betracht, nicht hingegen Verwaltungsvorschriften. Allerdings ist es dem Landesgesetzgeber auch im Anwendungsbereich des Art. 141 GG unbenommen, Religionsunterricht i. S. d. Art. 7 Abs. 2 und 3 GG einzuführen. Andererseits ist denjenigen Ländern, in denen am 1.1.1949 Religionsunterricht i. S. d. Art. 7 Abs. 2 und 3 GG durchgeführt wurde, die Abschaffung dieses Unterrichts verwehrt. Im Übrigen ist die Bestimmung des Anwendungsbereichs der Norm, insbesondere die Frage nach der Anwendung auf das Land Brandenburg, kontrovers.[31]

Aus dem vorstehenden Überblick über die einschlägigen Regelungen folgt die Erkenntnis, dass als normatives Fundament für den Religionsunterricht nur eine spärliche Textgrundlage im Grundgesetz zur Verfügung steht, die im Wege eines neuen Kompromisses und in starker Anlehnung an die WRV zustande gekommen ist.

---

[30] Dazu statt vieler *Unruh*, in: Huber/Voßkuhle (Hrsg.), Art. 141 Rn. 4.

[31] S. u. IV., 4., c).

II. Abriss der Dogmatik zu Art. 7 Abs. 2 und 3 GG

1. Dogmatischer Status

Nach der lange und wohl noch h.M. enthält Art. 7 Abs. 2 und 3 GG eine institutionelle Garantie.[32] Danach ist der Staat objektiv-rechtlich verpflichtet, Religionsunterricht an seinen öffentlichen Schulen vorzuhalten. Subjektiv-rechtliche Ansprüche sollen sich aus dieser Vorschrift nur in eng begrenztem Ausmaß herleiten lassen.[33]

Vorzugswürdig ist demgegenüber die These vom Grundrechtscharakter des Religionsunterrichts: Art. 7 Abs. 2 und 3 GG normieren ein Grundrecht auf Ermöglichung des Religionsunterrichts.[34] Ob dies bereits aus der systematischen Stellung des Art. 7 GG im Grundrechtsabschnitt des Grundgesetzes folgt, mag aufgrund der Inhomogenität dieses Abschnitts zweifelhaft sein.[35] Neben der generellen dogmatischen Fragwürdigkeit der Rechtsfigur der Einrichtungs- und damit auch der institutionellen Garantie spricht aber schon die historische Betrachtungsweise für die Annahme des Grundrechtsstatus des Religionsunterrichts. Denn bereits unter der Weimarer Reichsverfassung war der Charakter des Art. 149 WRV als begünstigende Verfassungsnorm unumstritten.[36] Vor allem folgt der eigenständige Grundrechtsstatus des Art. 7

---

[32] So u.a. *Ogorek*, Rn. 23f.

[33] Vgl. *Stern*: Staatsrecht, Bd. IV/2, S. 415ff., 498ff.; *Jeand'Heur/Korioth*, Rn. 307ff.

[34] Ebenso u.a. *Kästner*, EssGspr. 32 (1998), 61 (67f.); *de Wall*, NVwZ 1997, 465ff.; *H. Maurer*: Die verfassungsrechtliche Grundlage des Religionsunterrichts, S. 234 (242ff.); grundlegend *Hildebrandt*, S. 123ff. m.w.N.; a.A. *Czermak/Hilgendorf*, Rn. 294.

[35] Skeptisch *Hildebrandt*, S. 173.

[36] Zur berechtigten Kritik an der Rechtsfigur der Einrichtungsgaran-

Abs. 2 und 3 GG aus seiner dogmatischen Einordnung als Konkretisierung der Schutzpflichtendimension der Religionsfreiheit im Bereich der staatlichen Schule (s.o. a)).

2. *Öffentliche Schulen*

Gem. Art. 7 Abs. 3 S. 2 GG besteht ein grundrechtlicher Anspruch auf Einführung des Religionsunterrichts nur hinsichtlich der *öffentlichen Schulen* mit Ausnahme der bekenntnisfreien Schulen. Unter den Begriff der öffentlichen Schule fallen alle Schulen, die in staatlicher bzw. kommunaler Trägerschaft stehen, insbesondere also in der Trägerschaft der Gemeinden, der Landkreise und der Bundesländer. Entscheidend ist insofern nicht die Rechtsform, in der die jeweilige Schule betrieben wird, sondern der Umstand, dass ein staatlicher bzw. kommunaler Träger mit der Schule den staatlichen Bildungsauftrag erfüllt.[37] Zu den öffentlichen Schulen i. S. d. Art. 7 Abs. 3 S. 2 GG zählen unstreitig alle allgemeinbildenden Schulen (Grund-, Haupt- und Realschulen sowie Gymnasien bzw. die entsprechenden Nachfolgestrukturen wie Gesamt-, Regional- und Gemeinschaftsschulen) und die berufsbildenden Schulen. Die öffentlichen Schulen sind abzugrenzen von den bekenntnisfreien, den Bekenntnis- und den Privatschulen.[38] Nicht umfasst sind zudem Universitäten, Fachhochschulen und Fachschulen.

---

tien *Unruh*: Der Verfassungsbegriff des Grundgesetzes, S. 554 ff.; zum historischen Argument *Hildebrandt*, S. 205.

[37] Statt vieler *Ogorek*, Rn. 34 ff.; *Robbers*, in: Huber/Voßkuhle (Hrsg.), Art. 7 Rn. 128. Umfassend zur Begrifflichkeit der verschiedenen Schulformen BVerwGE 89, 368 (372 ff.).

[38] Siehe dazu u. a. *Unruh*: Religionsverfassungsrecht, Rn. 420 ff. m. w. N.

3. Ordentliches Lehrfach

Das Grundrecht aus Art. 7 Abs. 3 S. 1 GG ist auf die Ermöglichung eines Religionsunterrichts als *ordentliches Lehrfach* gerichtet. Daraus folgt neben dem Verbot einer Diskriminierung gegenüber anderen Unterrichtsfächern[39], dass der Religionsunterricht ein Teil des staatlichen Bildungsauftrags ist.[40] Der Staat ist der „Unternehmer" des Religionsunterrichts und trägt die organisatorische Verantwortung für seine Durchführung. Aufgrund der Verantwortung der Religionsgemeinschaften für den Inhalt des Religionsunterrichts ist der Staat insofern auf die Wahrnehmung von „Intendanturfunktionen" beschränkt.[41] Wesentliche Folge dieser Zuordnung ist der Umstand, dass der Staat die Kosten für die personellen und sachlichen Voraussetzungen des Religionsunterrichts zu tragen hat.[42] So ist dieser Unterricht regelmäßig durch staatliche Lehrkräfte durchzuführen; nur ausnahmsweise – etwa in Diasporasituationen, in denen keine geeigneten staatlichen Lehrkräfte vorhanden sind – kann auf Lehrkräfte der Religionsgemeinschaften zurückgegriffen werden. Zur Sicherstellung einer den anderen Unterrichtsfächern entsprechenden pädagogischen Qualität des Religionsunterrichts ist der Staat verpflichtet, adäquate Einrichtungen zur Ausbildung von Religionslehrerinnen und -lehrern vorzuhalten.[43]

---

[39] Siehe dazu *Unruh*: Religionsverfassungsrecht, Rn. 428 m. w. N.

[40] Ebenso *Robbers*, in: Huber/Voßkuhle (Hrsg.), Art. 7 Rn. 130; *Ogorek*, Rn. 55; *Hildebrandt*, S. 47.

[41] *M. Heckel*: Der Rechtsstatus des Religionsunterrichts im pluralistischen Verfassungssystem, S. 40.

[42] Vgl. *Ogorek*, Rn. 55; *v. Campenhausen/de Wall*: Religionsverfassungsrecht, § 27 Rn. 5.

[43] Vgl. *Ogorek*, Rn. 56.

4. Die Übereinstimmungsklausel

Gem. Art. 7 Abs. 3 S. 2 GG wird der Religionsunterricht unbeschadet des staatlichen Aufsichtsrechts „in Übereinstimmung mit den Grundsätzen der Religionsgemeinschaften erteilt." Diese Übereinstimmungsklausel gewährleistet die Konfessionsgebundenheit des Religionsunterrichts. Für die inhaltliche Ausgestaltung dieses Unterrichts sind ausschließlich „die Vorstellungen der Kirchen über Inhalt und Ziel der Lehrveranstaltung maßgeblich".[44] Die Festlegung der inhaltlichen Grundsätze ist eine eigene Angelegenheit der Religionsgemeinschaften i. S. d. Art. 140 GG i. V. m. Art. 137 Abs. 3 WRV. Den Bezugspunkt der „Grundsätze" i. S. d. Art. 7 Abs. 3 S. 2 GG liefern die zentralen Glaubenslehren der jeweiligen Religionsgemeinschaft. Die Festlegung eines bestimmten Kanons von Lehraussagen ist hingegen nicht erforderlich, und auch eine Fortentwicklung der Grundsätze ist möglich. Entscheidend ist, dass die Grundsätze eine Abgrenzung zu anderen Religionsgemeinschaften erlauben.[45]

Aus diesem Bestimmungsrecht der Religionsgemeinschaften über Inhalt und Ziele des Religionsunterrichts folgt zunächst die Befugnis zur Mitentscheidung über die Auswahl des Lehrpersonals.[46] So bedürfen auch staatliche Lehrkräfte für die Durchführung des Religionsunterrichts einer religionsgemeinschaftlichen Bevollmächtigung. So ist für die Erteilung des katholischen Religionsunterrichts die „missio canonica" und für den evangelischen Religionsunterricht die „vocatio" erforderlich; bei beiden handelt es sich um inner-

[44] BVerfGE 74, 244 (252); diese normative Aussage gilt naturgemäß für alle Religionsgemeinschaften.

[45] Vgl. *Robbers*, in: Huber/Voßkuhle (Hrsg.), Art. 7 Rn. 155.

[46] Dazu u. a. *Ogorek*, Rn. 68 ff., und *Frisch*, ZevKR 49 (2004), 589 (603 ff.).

kirchliche Rechtsakte gem. Art. 140 GG i. V. m. Art. 137 Abs. 3 WRV, die der kirchlichen Gerichtsbarkeit unterliegen. Ferner wird der konkrete Lehrinhalt des Religionsunterrichts von den Religionsgemeinschaften festgelegt und den zuständigen staatlichen Stellen zugeleitet. Aus der Übereinstimmungsklausel folgt auch ein Mitentscheidungsrecht der Religionsgemeinschaften über die Ausgestaltung der Lehrpläne sowie die Auswahl der zu verwendenden Schulbücher und der sonstigen Unterrichtsmaterialien. Darüber hinaus muss den Religionsgemeinschaften das Recht zur Einsicht in die praktische Durchführung des betreffenden Religionsunterrichts gewährt werden, damit die Einhaltung der Übereinstimmungsklausel überprüft werden kann. Schließlich gehört auch die Zulassung konfessionsfremder Schülerinnen und Schüler „zu der inneren Gestaltung des Religionsunterrichts, die den Grundsätzen der jeweiligen Religionsgemeinschaft folgt".[47] Nicht nur die Konfessionsangehörigkeit der Lehrkräfte, sondern auch die konfessionelle Zusammensetzung des Teilnehmerkreises hat Rückwirkungen auf die Unterrichtsgestaltung. Daher obliegt die Entscheidung über die Zulassung konfessionsfremder Schülerinnen und Schüler ausschließlich der den Religionsunterricht inhaltlich verantwortenden Religionsgemeinschaft. Ihr „darf kein Angehöriger einer anderen Konfession gegen ihren Willen aufgedrängt werden".[48]

Für die Bewältigung der aufgelisteten Aufgaben und (Mitwirkungs-) Befugnisse im Kontext des konfessionellen Religionsunterrichts haben die Religionsgemeinschaften eigene Zuständigkeiten und Verfahren installiert. Sie sind für die römisch-katholische Kirche universalkirchlich in §§ 804 ff.,

---

[47] BVerfGE 74, 244 (253).

[48] BVerfGE 74, 244 (254); ebenso *Mückl*: Konfessionalität des Religionsunterrichts im Wandel?, S. 542 (548 f.); differenziert *v. Campenhausen/de Wall*, § 27, Rn. 12 f.

827 CIC/1983 festgelegt.[49] Der Normenbestand im evangelischen Kirchenrecht ist naturgemäß disparat. So finden sich Regelungen in (nicht allen!) Kirchenverfassungen und Lebensordnungen, in Kirchengesetzen und – vor allem – in Vereinbarungen mit den jeweiligen Bundesländern. Eine umfassende Kodifikation des Religionsunterrichts im Kirchenrecht der evangelischen Landeskirchen ist „die Ausnahme (EKBO, Baden)."[50]

5. *Abmelderecht*

Da gem. Art. 7 Abs. 2 GG zugleich das *Recht zur Abmeldung* vom Religionsunterricht gewährleistet ist, wird der Religionsunterricht zutreffend auch als „relatives Pflichtfach" bezeichnet.[51] Das Abmelderecht steht den Erziehungsberechtigten und unter der Voraussetzung der Religionsmündigkeit grundsätzlich auch den Schülerinnen und Schülern zu. Es ist Ausdruck und unmittelbare Folge aus dem Elternrecht gem. Art. 6 Abs. 2 GG sowie der Religionsfreiheit aus Art. 4 Abs. 1 und 2 GG. Die Abmeldung kann an die Schriftform gebunden werden; sie ist jedoch – wie die Verweigerungserklärung einer Lehrkraft – nicht begründungsbedürftig. Die Abmeldung kann schließlich jederzeit erfolgen und wird sofort wirksam. Für abgemeldete Schülerinnen und Schüler kann ein Ersatz-

---

[49] Siehe dazu *Hense*: Anmerkungen, S. 109 (117 ff.), und *Rees*, S. 1018 ff.

[50] *M. Richter*, Rn. 6, und ebd. Rn. 6 ff. zu den im evangelischen Kirchenrecht geregelten Einzelfragen. Überblick auch bei *Munsonius*: Evangelisches Kirchenrecht, S. 69 f.

[51] Zum Abmelderecht siehe u. a. *Ogorek*, Rn. 79 ff., und *Robbers*, in: Huber/Voßkuhle (Hrsg.), Art. 7 Rn. 105 ff. Empirischer Überblick über die Abmeldung vom (evangelischen) Religionsunterricht in den Bundesländern bei *Gennerich/Zimmermann*, S. 8–82 m. w. N.

fach – etwa in Gestalt eines Ethikunterrichts – eingerichtet werden.[52]

III. Insbesondere: Die Rechtsprechung des Bundesverfassungsgerichts (BVerfG)

Auch wenn sich das normenbasierte, an Kodifikationen orientierte kontinentaleuropäische Rechtssystem kategorial vom anglo-amerikanischen Case Law unterscheidet, so spielt doch die höchstrichterliche Rechtsprechung auch für das Verständnis des Grundgesetzes eine herausragende Rolle. Diesen Umstand hatte *Rudolf Smend* schon 1962 anlässlich des zehnjährigen Bestehens des Bundesverfassungsgerichts in einem künftig und bis heute nahezu sprichwörtlichen, wenn auch überspitzt formulierten Diktum beschrieben: „Gegenüber allem Streit der Meinungen, gegenüber aller Kritik ist die Rechtsprechung des Bundesverfassungsgerichts inzwischen eine große Tatsache geworden. Das Grundgesetz gilt nunmehr praktisch so, wie das Bundesverfassungsgericht es auslegt, und die Literatur kommentiert es in diesem Sinne."[53] Während allgemein in religionsverfassungsrechtlichen Angelegenheiten eine Zunahme von Judikaten des BVerfGs zu verzeichnen ist – so liegen inzwischen z. B. drei sog. Kopftuch-Entscheidungen vor –, gibt es zum Religionsunterricht i. S. d. Art. 7 Abs. 2 und 3 GG bisher nur eine Leitentscheidung des Gerichts aus dem Jahr 1987. Neben dem Hinweis, dass diese Vorschrift als „Fortführung der Regelungen der Weimarer Reichsverfassung" zu verstehen ist, sind drei Aspekte dieser Entscheidung hervorzuheben.

---

[52] Siehe dazu u. a. *Unruh*: Religionsverfassungsrecht, Rn. 431 ff.

[53] *Smend*: Das Bundesverfassungsgericht, S. 581 (582).

Zunächst stellt das Gericht klar, dass die Erteilung von Religionsunterricht als ordentliches Lehrfach eine staatliche Aufgabe ist:

> „Die Erklärung des Religionsunterrichts zum ordentlichen Lehrfach in Art. 7 Abs. 3 Satz 1 GG stellt klar, dass seine Erteilung staatliche Aufgabe und Angelegenheit ist; er ist staatlichem Schulrecht und staatlicher Schulaufsicht unterworfen. Seine Einrichtung als Pflichtfach ist für den Schulträger obligatorisch; der Staat muss gewährleisten, dass er ein Unterrichtsfach mit derselben Stellung und Behandlung wie andere ordentliche Lehrfächer ist. Sein Pflichtfachcharakter entfällt nicht dadurch, dass Art. 7 Abs. 2 GG ein Recht zur Abmeldung einräumt. Diese Befreiungsmöglichkeit hebt ihn zwar aus den übrigen Pflichtfächern heraus, macht ihn aber nicht zu einem Wahlfach im Sinne der allgemeinen schulrechtlichen Terminologie […].“

Zweitens wird das Übereinstimmungsgebot, also die Übertragung der inhaltlichen Bestimmung des Religionsunterrichts an die Religionsgemeinschaften konkretisiert und zugleich in seiner Reichweite begrenzt:

> „Seine Sonderstellung gegenüber anderen Fächern gewinnt der Religionsunterricht aus dem Übereinstimmungsgebot des Art. 7 Abs. 3 Satz 2 GG. Dieses ist so zu verstehen, dass er in ‚konfessioneller Positivität und Gebundenheit‘ zu erteilen ist […]. Er ist keine überkonfessionelle vergleichende Betrachtung religiöser Lehren, nicht bloße Morallehre, Sittenunterricht, historisierende und relativierende Religionskunde, Religions- oder Bibelgeschichte. Sein Gegenstand ist vielmehr der Bekenntnisinhalt, nämlich die Glaubenssätze der jeweiligen Religionsgemeinschaft. Diese als bestehende Wahrheiten zu vermitteln ist seine Aufgabe […]. Da-

für, wie dies zu geschehen hat, sind grundsätzlich die Vorstellungen der Kirchen über Inhalt und Ziel der Lehrveranstaltung maßgeblich."[54]

Schließlich hat das BVerfG schon im Jahr 1987 zwar die Offenheit dieser inhaltlichen Bestimmung für künftige Entwicklungen betont, ihr zugleich aber auch einen Rahmen gesteckt. Ändere sich das Verständnis der Religionsgemeinschaften vom Religionsunterricht, so

> „muss der religiös neutrale Staat dies hinnehmen. Er ist jedoch nicht verpflichtet, jede denkbare Definition der Religionsgemeinschaften als verbindlich anzuerkennen. Die Grenze ist durch den Verfassungsbegriff ‚Religionsunterricht' gezogen [...]. Auch wenn dieser Begriff nicht in jeder Hinsicht festgelegt ist, sondern wie der übrige Inhalt der Verfassung ‚in die Zeit hinein offen' bleiben muss, um die Lösung von zeitbezogenen und damit wandelbaren Problemen zu gewährleisten [...], verbietet sich eine Veränderung des Fachs in seiner besonderen Prägung, also in seinem verfassungsrechtlich bestimmten Kern. Deshalb wäre eine Gestaltung des Unterrichts als allgemeine Konfessionskunde vom Begriff des Religionsunterrichts nicht mehr gedeckt und fiele daher auch nicht unter die institutionelle Garantie des Art. 7 Abs. 3 Satz 1 GG. [...] Seine Ausrichtung an den Glaubenssätzen der jeweiligen Konfession ist der unveränderliche Rahmen, den die Verfassung vorgibt."[55]

Das hier gezeichnete Idealbild ist an anderer Stelle wie folgt zusammengefasst worden: „Religionsunterricht ist nicht bloß deskriptiv, sondern normativ, nicht allein informativ, sondern performativ, er hat nicht nur zu vermitteln, was geglaubt

---

[54] BVerfGE 74, 244 (252).
[55] BVerfGE 74, 244 (252 f.).

wird, sondern vielmehr das, was geglaubt werden soll."[56] Eine Zusammenfassung der Sichtweise des BVerfGs auf die Bedeutungstrias des Art. 7 Abs. 2 und 3 GG führt zu der Erkenntnis, dass der Religionsunterricht (1.) ein reguläres Unterrichtsfach innerhalb der staatlichen Schulorganisation, (2.) inhaltlich an die „Glaubenssätze" der jeweiligen Religionsgemeinschaft gebunden, und (3.) offen für eine Fortentwicklung ist, soweit die Grenze der jeweiligen Konfessionsgebundenheit des Unterrichts nicht überschritten wird. Auch wenn Bedeutung und Reichweite der Konfessionsbindung im Allgemeinen und deren Funktion als Grenze zukünftiger Entwicklungen im Besonderen umstritten sind, wird mit dieser Rechtsprechung ein Rahmen für die aktuelle Praxis und die Fortentwicklung des Rechts auf religiöse Bildung in der Schule gesetzt.

IV. Der Religionsunterricht in der Praxis

Im Kontrast zu der spärlichen normativen Vorgabe des Art. 7 Abs. 2 und 3 GG sowie zu den vergleichsweise spartanischen Auslegungsdirektiven aus der Leitentscheidung des BVerfG zeigt das föderal grundierte Bild der Praxis des Religionsunterrichts in den deutschen Bundesländern eine bunte Vielfalt verschiedener Formen. Die Systematisierung der vorfindlichen Modelle kann unterschiedlich ausfallen. Im Folgenden wird eine Differenzierung in vier Modelle vorgeschlagen, die sich am Differenzkriterium der Konfessionsgebundenheit orientiert.

---

[56] *Mückl*, ZevKR 64 (2019), S. 225 (229); ähnlich schon *Oebbecke*, DVBl. 1996, S. 336 (341).

1. Das Separatmodell

Das Separatmodell zeichnet sich i.W. dadurch aus, dass der Religionsunterricht grundsätzlich getrennt nach den Religionen und Konfessionen erteilt wird. So findet innerhalb des Christentums jedenfalls eine Trennung zwischen evangelischem und römisch-katholischem Unterricht statt. Vereinzelt wird auch Religionsunterricht für christliche Orthodoxien sowie mennonitischer und altkatholischer Religionsunterricht angeboten.[57]

In einigen Bundesländern gibt es (wieder!) jüdischen Religionsunterricht, allerdings nicht flächendeckend, sondern bezogen auf jüdische Gemeinden oder Einrichtungen.[58]

Von besonderer und zunehmender Bedeutung ist schließlich die Einrichtung islamischen Religionsunterrichts.[59] Die damit verbundenen Probleme resultieren vor allem aus dem Erfordernis eines tauglichen Ansprechpartners für den Staat als Veranstalter des Religionsunterrichts. Die fluide Organisations- und Mitgliederstruktur der verschiedenen islamischen Strömungen erschwert die institutionelle Allokation der Verantwortung für die inhaltliche Ausrichtung des islamischen Religionsunterrichts enorm. Die Behelfskonstruktionen in Gestalt des Beirats- oder des Kommissionsmodells sind nicht frei von skeptischen Anfragen, denn in beiden Modellen kommt den staatlichen Instanzen ein gewisser Einfluss auf die Entscheidung über die inhaltliche Ausrichtung des islamischen Religionsunterrichts zu.[60]

---

[57] Umfassender Überblick bei *von Scheliha/Wißmann*, S. 19 ff.

[58] Siehe dazu *Landthaler*, passim.

[59] Siehe dazu *Ulfat/Engelhardt/Yavuz*, passim, und *Brosius-Gersdorf*, in: dies. (Hrsg.), H. Dreier, Grundgesetz. Kommentar, Bd. I, Art. 7, Rn. 239 ff. m. w. N.

[60] Zu den Problemen der Beiratsmodells siehe *Unruh*: Religionsverfassungsrecht, Rn. 460 f. m. w. N. Zur identischen Problematik bezogen

Für alle Varianten dieses Modells gilt, dass zumindest in den oberen Klassenstufen ein staatliches Ersatzfach mit der Bezeichnung „Ethik", „Werte und Normen" oder „(Praktische) Philosophie" angeboten wird.[61] Eine Pflicht zur Teilnahme an diesem Unterricht kommt dann zum Tragen, wenn von der Abmeldemöglichkeit des Art. 7 Abs. 2 GG Gebrauch gemacht wird.

Das Separatmodell, begrenzt auf die christlichen Konfessionen, bildet ohne Zweifel die reale Blaupause für die Verfassunggebungen sowohl 1919 als auch 1949.[62] Zu beiden Zeitpunkten konnte es nur um die religionsverfassungsrechtliche Rahmung evangelischen und römisch-katholischen Religionsunterrichts gehen. Im Grunde bildete diese Dichotomie auch noch 1987 den exklusiven Horizont für die dogmatische Betrachtung und Bewertung des Religionsunterrichts. Diese Exklusivität wird aktuell durch das Aufkommen weiterer Modelle aufgebrochen. Gleichwohl ist zu konstatieren, dass „in einer unverkennbaren Spannung zum öffentlichen Meinungsklima und der religionspädagogischen Großwetterlage ( ) rein quantitativ gesehen, der bei Weitem überwiegende Anteil konfessionellen Religionsunterrichts in Deutschland immer noch in der herkömmlichen Gestaltungsform eines evangelischen oder katholischen Religionsunterrichts statt[-findet]".[63] Zugleich gilt aber auch die Feststellung aus einer empirischen Studie zum Religionsunterricht in Schleswig-Holstein, dass auch im Separatmodell vor dem Hintergrund der zunehmenden religiösen Pluralität „mit sehr unter-

---

auf die islamischen Fakultäten an staatlichen Hochschulen siehe *Waldhoff*: Theologie an staatlichen Hochschulen, Rn. 69.

[61] Zur Bandbreite der Angebote an Ersatzfächern siehe *von Scheliha/Wißmann*, S. 21 f.

[62] Ebenso u. a. *Wißmann*: Konfession und Kooperation, S. 55 (57 ff.).

[63] *Simojoki/Lindner/Hense/Heinig*, S. 2.

schiedlichen Konstellationen religiöser Heterogenität und Homogenität" zu rechnen ist, „die eine Flexibilität in den organisatorischen Formen erfordern [...]"[64]

Das skizzierte Separatmodell evoziert keine relevanten Konflikte mit der aktuellen Dogmatik zu Art. 7 Abs. 2 und 3 GG. Anzumerken wäre allenfalls, dass eine strikte Konfessionsgebundenheit schon im evangelischen Religionsunterricht aufgrund der konfessionellen Differenzen etwa zwischen lutherischem und reformiertem Protestantismus sowie zwischen diesen beiden Richtungen und den Freikirchen nur bedingt gegeben ist. In höherem Maße gilt dieser Befund bei einem einheitlichen, d.h. u.a. die Strömungen der Sunniten und Schiiten umfassenden islamischen Religionsunterricht.

2. Das interkonfessionelle Modell

Im interkonfessionellen Modell werden unterschiedliche Konfessionen einer Religion in einem einheitlichen Religionsunterricht zusammengeführt. Das Paradigma liefert hier der bikonfessionelle, gemeinschaftlich evangelische und römisch-katholische Religionsunterricht. Er wird im Format eines konfessionell-kooperativen[65] oder – in der Zusammenführung noch gesteigert – als gemeinschaftlich verantworteter Christlicher Religionsunterricht (CRU) z.B. nunmehr in Niedersachsen erteilt.[66] Die Genese dieser besonderen Spiel-

[64] *Pohl-Patalong/Woyke/Boll/Dittrich/Lüdke*, S. 299.

[65] Dazu u.a. *Poscher*: Zur Verfassungsmäßigkeit, S. 19 (21 f. m.w.N.). *Wißmann*: Konfession und Kooperation, S. 55 (69); bezeichnet dieses Modell als „*Verbundlösung von mehreren (unterscheidbaren) Religionsunterrichten*" (Hervorhebungen im Original).

[66] Zur Motivlage und den religionspädagogischen und schulischen Gründen für die Einführung des CRU siehe u.a. *Schröder/Schambeck*, S. 225 ff. m.w.N.

art bikonfessionellen Religionsunterrichts begann 2021 mit einem gemeinsamen Papier der Schulreferentinnen und -referenten der evangelischen Landeskirchen und römisch-katholischen Bistümer in diesem Bundesland. Der Impuls ging also ausschließlich von den beteiligten Kirchen selbst aus.[67] Mit dem CRU wird die Kooperation in ein gemeinsames Angebot überführt. Die beiden christlichen Kirchen „übernehmen die Verantwortung für einen Bekenntnisunterricht, der die von ihnen vertretenen Bekenntnisse als Ausdruck eines gemeinsamen Christentums versteht, das in seiner konfessionellen Differenziertheit Gegenstand des gemeinsamen Unterrichts ist."[68] Ausgehend von der These, dass die Übereinstimmungen in der Frage nach *der* christlichen Wahrheit weitaus größer als die Unterschiede sind" sollen „die Differenzen adäquat im Sinne einer Binnendifferenzierung im Unterricht behandelt werden."[69] Zu den begleitenden organisatorischen und religionspädagogischen Maßnahmen gehören die Einrichtung einer gemeinsamen Kommission der beteiligten Kirchen, die Erstellung gemeinsamer und schulbezogener Curricula und Unterrichtsmaterialien sowie Bildungs- und Fortbildungsangebote an die Lehrkräfte.[70]

Ein religionsverfassungsrechtlicher Konflikt ergibt sich bei diesem Modell mit dem bisherigen Verständnis der Konfessionsgebundenheit des Religionsunterrichts. Das Problem ist mustergültig an anderer Stelle formuliert worden: Der „kulturell informierte Staat [dürfe sich] auch nicht dümmer stellen

---

[67] Zur Genese siehe u. a. *Simojoki/Lindner/Hense/Heinig*, S. 5 ff.

[68] *Poscher*: Zur Verfassungsmäßigkeit, S. 19 (22); zur Angrenzung vom konfessionell-kooperativen Religionsunterricht siehe ebd., S. 33 ff.

[69] *Schulreferentinnen und Schulreferenten der evangelischen Kirchen und katholischen Bistümer in Niedersachsen*, S. 28 (Hervorhebung im Original).

[70] Vgl. *Poscher*: Zur Verfassungsmäßigkeit, S. 19 (23).

als er ist: Die amtskirchlich kontinuierlich erklärten Konfessionsunterschiede können nicht in Sachen Religionsunterricht als nicht-existent behandelt werden."[71] Angespielt wird hier auf die anhaltenden interkonfessionellen Differenzen u.a. in den Fragen der Abendmahlsgemeinschaft und allgemein des Kirchen- und Amtsverständnisses.[72] Sie werden für die aktuelle Dogmatik relevant, weil sich die (noch) überwiegende Auffassung in der verfassungsrechtlichen Literatur strikt an der in der Weimarer Zeit geprägten und vom BVerfG übernommenen Formel der „konfessionellen Gebundenheit und Positivität" orientiert[73] und daraus die Konsequenz zieht, dass jeweils nur eine Kirche oder Religionsgemeinschaft als Kooperationspartner des Staates für einen bestimmten konfessionellen Religionsunterricht in Betracht kommt.[74] Aber auch jenseits dieser strikten Lesart wird durchaus zurecht festgestellt: „Ein materiell ‚gemeinsamer' christlicher Unterricht unterschiedlicher Kirchen ist religionsverfassungsrechtlich genauso wenig konfessionell positiv wie ein interreligiöser Unterricht."[75] Schon der interkonfessionelle Religionsunter-

---

[71] *von Scheliha/Wißmann*, S. 28.

[72] Siehe dazu *Munsonius*: Zur Übereinstimmung, S. 93 (95ff.) m.w.N.; insbesondere ebd., S. 101: „Die Differenzen hinsichtlich des Kirchen- und Amtsverständnisses sowie des kirchlichen Lehramts haben weiterhin kirchentrennenden Charakter und betreffen damit auch den *status confessionis*." (Hervorhebungen im Original)

[73] Die Formel wurde formuliert von *Anschütz*, S. 691 und – wie gesehen (s.o. III.) – vom Bundesverfassungsgericht übernommen in BVerfGE 74, 244 (251).

[74] *Wißmann*: Religionsunterricht für alle?, S. 48. Zur (verbindlichen?) Festlegung der römisch-katholischen Kanonistik auf eine strikte Konfessionalität des Religionsunterrichts siehe u.a. *Meckel*, S. 825 (830f.), und *Rees*, HKKR, S. 1018 (1025). Moderater in der Auslegung des maßgeblichen c. 804 CIC/193 *Hense*: Anmerkungen, S. 109 (112ff.).

[75] *Wißmann*: Konfession und Kooperation, S. 55 (70).

richt steht daher auf religionsverfassungsrechtlich tönernen Füßen.[76]

3. Das interreligiöse Modell

Im interreligiösen Religionsunterricht werden nicht nur die konfessionellen Grenzen innerhalb einer Religion – etwa des Christentums – überschritten, sondern unterschiedliche Religionen in der Kooperation für einen gemeinschaftlich verantworteten Religionsunterricht zusammengeführt.[77] Paradigmatisch und zugleich (noch) singulär für dieses Modell ist der Hamburger „Religionsunterricht für Alle 2.0" (RufA 2.0).[78] Hier werden aktuell unterschiedliche Glaubensinhalte auch formal durch die jeweilige Religionsgemeinschaft formuliert und in einen gemeinsam verantworteten Religionsunterricht eingebracht. Die Ausrichtung dieses Unterrichts lässt sich wie folgt (er)fassen: „Religionsunterricht für alle soll weder eine ‚Einheitsreligion' konstruieren noch Religionen neutral von außen beschreiben. Vielmehr wird eine dialogische Grundhaltung eingeübt, die Differenzen nicht ausschließt, sondern Vielfalt und Unterschiedlichkeit als Normalität und Bereicherung wahrnimmt und damit die eigene Positionalität

---

[76] Ebenso, wenn auch i. E. affirmativ *M. Heckel*: Neue Formen des Religionsunterrichts?, S. 1110 (1126).

[77] Bei *von Scheliha/Wißmann*, S. 27 ff., firmiert dieses Modell unter der Bezeichnung „Integrationsmodell".

[78] Grundlegend zum Hamburger Modell *Bauer*: Religion unterrichten in Hamburg, S. 153 ff. m. w. N., der ebd., S. 153 diesen Unterricht als „bundesweites Unikum" bezeichnet; zuvor schon *ders.*: Die Weiterentwicklung des Hamburger Religionsunterrichts, ZevKR 59 (2014), S. 227 ff., und *ders.*: Religionsunterricht für alle, passim. Zur religionsverfassungsrechtlichen Einordnung siehe grundlegend *Wißmann*: Religionsunterricht für alle?, S. 38 ff.

ermöglicht."[79] Schon in und mit dem Vorgängermodell (RuFA 1.0) wurde in überkonfessioneller Öffnung interessierten Schülerinnen und Schülern aller Religionen und Weltanschauungen ein interreligiöser Unterricht zur freiwilligen Teilnahme angeboten. Die Lehrinhalte wurden gemeinsam von Vertretern christlicher, jüdischer, islamischer, alevitischer und buddhistischer Religionsgemeinschaften festgelegt. Die inhaltliche Verantwortung gegenüber der Freien und Hansestadt Hamburg übernahm hingegen allein die Evangelisch-Lutherische Kirche in Norddeutschland. Gelegentlich wurde dieser „Religionsunterricht für alle" vor dem Hintergrund der besonderen Situation in Hamburg (gerade noch) für mit Art. 7 Abs. 2 und 3 GG vereinbar erklärt.[80] Wurde er jedoch am Maßstab des Verfassungsbegriffs des Religionsunterrichts gemessen, entstanden vor dem Hintergrund der referierten Rechtsprechung des BVerfGs jedenfalls Zweifel. Denn jedenfalls war erläuterungsbedürftig, wie ein inhaltlich von verschiedenen Konfessionen gemeinsam festgelegter Unterricht zugleich und ausschließlich „in evangelischer Verantwortung", d.h. konfessionsgebunden sollte stattfinden können.[81] Mit dem RufA 2.0 wird die „evangelische" in die gemeinsame Verantwortung der beteiligten Religionsgemeinschaften überführt.[82]

---

[79] *Bauer*: Religion unterrichten in Hamburg, S. 153 (169).

[80] So *Link*, ZevKR 46 (2001), 257ff., mit deutlich kritischer Grundierung.

[81] Ausführlich zu den Zweifeln *M. Heckel*: Neue Formen des Religionsunterrichts?, S. 1091 (1115ff.); ebenfalls skeptisch, die Frage nach der religionsverfassungsrechtlichen Zulässigkeit dieses Models jedoch offen lassend *Mückl*: Konfessionalität des Religionsunterrichts im Wandel?, S. 542 (553f.).

[82] Dazu auch *Bauer*: Religionsunterricht für Alle 2.0, S. 33ff.

Die religionsverfassungsrechtlichen Vorbehalte sind diesem Modell gegenüber natürlich noch stärker als gegenüber dem interkonfessionellen Religionsunterricht, da es sich noch weiter von dem Idealbild der (singulär) „konfessionellen Gebundenheit und Positivität" entfernt. So wird etwa aus der Prämisse der Unvereinbarkeit eines Nebeneinander verschiedener authentisch auftretender Religionen in einem Religionsunterricht ein Verstoß gegen die negative Religionsfreiheit derjenigen Schülerinnen und Schüler abgeleitet, die zur Teilnahme an Unterrichtseinheiten verpflichtet werden, die nicht an ihrer jeweiligen Religion bzw. Konfession ausgerichtet sind.[83] Die Bedenken bleiben aber auch bestehen, wenn die sehr enge Auslegung der Formel zumindest partiell aufgeweicht wird. Dies gilt etwa für das gelegentlich im Anschluss an die Rechtsprechung des BVerwGs formulierte „Kongruenzgebot". Das BVerwG hatte in seinem Urteil zum islamischen Religionsunterricht festgestellt, dass ein Religionsunterricht i.S.d. Art. 7 Abs. 2 und 3 GG nicht nur durch eine einzelne Religionsgemeinschaft, sondern auch durch konfessionell „verwandte" Religionsgemeinschaften verantwortet werden kann. Die Extension diese Verfassungsbegriffs werde nicht überschritten, „wenn sich zwei Religionsgemeinschaften auf der Grundlage eines gemeinsamen Bekenntnisses oder mehrerer verwandter Bekenntnisse auf gemeinsame Inhalte für den Religionsunterricht verständigen."[84] Vor diesem Hintergrund verlange die Formel von der konfessionellen Positivität und Gebundenheit zwar keine konfessionelle Homogenität, immerhin aber eine „Kongruenz zwischen den im Religionsunterricht gelehrten Bekenntnissen und den Glau-

---

[83] *Manten*: Verfassungsrechtliche Grenzen und Möglichkeiten, S. 73 (80 f.).

[84] BVerwGE 123, 49 (56 bzw. 75).

bensüberzeugungen der Religionsgemeinschaften, deren Grundsätze nach Art. 7 Abs. 3 S. 2 GG maßgeblich sind."[85] Auch unter Einschluss dieser Auffassung kann festgestellt werden, dass das interreligiöse Modell – ungeachtet einzelner abweichender Voten – ganz überwiegend jenseits des Art. 7 Abs. 2 und 3 GG verortet wird.[86]

Nur am Rande sei bemerkt, dass dieses Verdikt mit Sicherheit auf das gelegentlich vorgeschlagene Alternativmodell einer Rotation von separatem Religionsunterricht nach Art. 7 Abs. 2 und 3 GG und Phasen einer staatlich verantworteten Religionskunde oder Ethik zuträfe.[87]

4. Das Abstinenzmodell

Im Abstinenzmodell können die betroffenen Bundesländer von der Einrichtung eines Religionsunterrichts nach Art. 7 Abs. 2 und 3 GG absehen. Grundlage ist die Regelung der sog. „Bremer Klausel" aus Art. 141 GG, die aber nicht nur für dieses Bundesland gilt.

---

[85] *Poscher*: Zur Verfassungsmäßigkeit, S. 19 (31; zuvor schon S. 28 ff.); ähnlich *Manten*: Konfessioneller Religionsunterricht in öffentlichen Schulen unter den Bedingungen des 21. Jahrhunderts, S. 1033 (1055); *ders.*: Konfessioneller Religionsunterricht an öffentlichen Schulen vor, während und nach „Corona", S. 408 (417), und *ders.*: Verfassungsrechtliche Grenzen und Möglichkeiten, S. 73 (84 ff.) m. w. N.

[86] Statt vieler *Manten*: Verfassungsrechtliche Grenzen und Möglichkeiten, S. 73 (76 ff., 91 f.). Anders aber wohl *Link*: Verfassungsrechtliche Gestaltungsspielräume, S. 1377 (1388): „Dass die Hamburger Konstruktion „die Billigung des Bundesverfassungsgerichts finden würde, als Ausdruck einer ‚in die Zeit offenen' Ausfüllung des Verfassungsrahmens, daran habe ich keinen Zweifel."

[87] Ein solches Alternativmodell wird skizziert von *Oebbecke*: Art. 7 Abs. 3 GG und die Weiterentwicklung des Religionsunterrichts, S. 69 (80 ff.); dazu *von Scheliha/Wißmann*, S. 124 ff.

a) Bremen

Art. 141 GG gilt – das indiziert schon die Bezeichnung der Vorschrift als „Bremer Klausel" – unbestritten im Stadtstaat Bremen. Hier wurde vom 18. bis in das 21. Jahrhundert hinein ein immer noch in Art. 32 Abs. 1 der aktuellen Verfassung verankerter „bekenntnismäßig nicht gebundene(r) Unterricht in Biblischer Geschichte auf allgemein christlicher Grundlage" erteilt. Die historische Motivlage für dieses besondere Unterrichtsformat lag (und liegt) in der Befriedung der Konflikte zwischen der lutherischen und der reformierten Konfession in Bremen.[88] Im Jahr 2014 wurde er – ohne Verfassungsänderung – durch das Fach „Religion" ersetzt. Den Hintergrund lieferten die religiöse Pluralisierung inklusive des Ansteigens der Zahlen muslimischer Schülerinnen und Schüler einerseits und der steigende Anteil nicht-religiöser Bevölkerungsanteile andererseits. Beides erforderte eine Modernisierung.[89]

Das neue Fach „Religion" soll vor diesem Hintergrund eine Orientierung in Religionsfragen bieten. Es handelt sich aber immer noch um einen inhaltlich vom Staat verantworteten Unterricht, also in religionsverfassungsrechtlicher Terminologie nicht um Religionsunterricht, sondern um Religionskunde.[90] Dies gilt auch vor dem Hintergrund, dass den Religi-

---

[88] Differenzierte Betrachtung der Motivlage bei *Poscher*: Religions- oder Religionskundeunterrricht?, S. 460 (464), und *Kenngott*, S. 129 (129 ff.); zum Folgenden ebd. S. 129 ff. Zum Bremer Unterricht (vor 2014) siehe auch BVerfGE 30, 112 ff.

[89] Vgl. *Kenngott*, S. 129 (1135 f.): „Angesichts eines hohen Bevölkerungsanteils säkularer Schülerinnen und Schüler und einer größeren Anzahl von Musliminnen und Muslimen sowie Zugehöriger anderer Religionsgemeinschaften, war ein Unterricht mit der Bezeichnung „Biblischer Geschichtsunterricht" kein überzeugendes Projekt mehr für einen Religionsunterricht, an dem möglichst viele Schülerinnen und Schüler teilnehmen sollten."

[90] Ebenso *Poscher*: Religions- oder Religionskundeunterrricht?, S. 460

onsgemeinschaften ein Mitspracherecht bei der Erstellung der Lehrpläne eingeräumt wird und der Rahmenplan für den interreligiösen Religionsunterricht in Hamburg offensichtlich eine Vorbildfunktion auch für den Bremer Unterricht hatte.[91] Er ist nicht bekenntnisorientiert, findet „allein unter staatlicher Ägide" ohne Beauftragung der Lehrkräfte durch die Religionsgemeinschaften sowie „in der Regel im Klassenverband" statt.[92] Die Ausbildung der Lehrkräfte erfolgt an der Universität Bremen im Fach Religionswissenschaft/Religionspädagogik. Konfessioneller Religionsunterricht begegnet in Bremen nur in Schulen in kirchlicher Trägerschaft.

b) Berlin

Problematisch ist, ob Art. 141 GG auch im und für das aktuelle Bundesland Berlin gilt. Bis 1990 bestand ein Konsens über die Geltung dieser Vorschrift in Berlin (West). Denn in Gesamt-Berlin galt am 1.1.1949 das Schulgesetz von Groß-Berlin vom 26.4.1948, das in §§ 13 ff. eine von Art. 7 Abs. 2 und 3 GG abweichende Regelung über den Religionsunterricht enthielt. Ob hingegen auch das aktuelle Bundesland Berlin vom Geltungsbereich des Art. 141 GG umfasst wird, ist umstritten. Das BVerwG hat diese Frage unter weitgehender Zustimmung der Literatur bejaht.[93] Zur Begründung hat das Gericht im Wesentlichen drei Argumente angeführt. Mit dem

(464, 466); abweichend *Link*: Die Rechtsnatur, S. 54 (81). „Sonderform des Religionsunterrichts".

[91] Vgl. *Kenngott*, S. 129 (136).

[92] *Kenngott*, S. 129 (129, 140).

[93] BVerwGE 110, 326 (335 f.); zustimmend etwa *Ogorek*, Rn. 94; *Classen*: Religionsrecht, Rn. 478; *Renck*, NJ 2008, 495. Gegenauffassung bei *Fritz*, BayVBl. 2002, 135 (136 ff.); *Unruh*, DÖV 2007, 625 (629 f.); *Kremser*, DVBl. 2008, 607 ff.; kritisch auch *Frisch*, ZevKR 49 (2004), 589 (609; Anm. 123 m. w. N.).

Beitrittsargument wird behauptet, dass der Westteil der Stadt als Bundesland der Bundesrepublik Deutschland im 1990 „wiedervereinigten Land Berlin“ fortlebe und (nur!) der Ostteil der Stadt in diesem „wiedervereinigten Land“ aufgegangen sei. Das *teleologische Argument* besagt, dass der für die Wiedervereinigung Deutschlands maßgebliche Gedanke der Einheit auch im Sinne einer „Rechtseinheit“ zu deuten sei. Im Hinblick auf den Religionsunterricht in Berlin folge daraus, dass eine einheitliche Lösung für das gesamte Stadtgebiet angezeigt sei, die sich zudem an dem alten Rechtszustand vor dem 1.1.1949 zu orientieren habe. Mit dem *Wortlaut-Argument* wird schließlich der gebietsbezogenen Auslegung des Art. 141 GG der Vorzug gegeben.

Diese Argumentation des BVerwGs ist nicht überzeugend. So ist dem Beitrittsargument entgegenzuhalten, dass der Ostteil Berlins gerade nicht qua Beitritt in dem (vermeintlich) fortlebenden Bundesland Berlin (West?) aufgegangen ist. Vielmehr erfolgte auf der Grundlage von Art. 1 Abs. 2 EinigungsV eine Neugründung (!) des aktuellen Bundeslandes Berlin durch Zusammenführung aller 23 Stadtbezirke und besonderer Rechtsvereinheitlichungsgesetze.[94] Ferner lässt sich das teleologische Argument aus dem Einheitsgedanken auch ganz entgegengesetzt deuten. Denn die geforderte Rechtseinheit kann natürlich auch durch die in Berlin flächendeckende Geltung des Art. 7 Abs. 2 und 3 GG erreicht werden; und diese Lösung liegt nicht nur grundrechtsdogmatisch, sondern auch aufgrund des Ausnahmestatus des Art. 141 GG nahe. Schließlich ist gegen das Wortlaut-Argument einzuwenden, dass Art. 141 GG nicht gebietsbezogen, sondern rechtssubjektsbezogen, also bezogen auf das jeweili-

[94] Bemerkenswert ist, dass auch das BVerwGE 110, 326 (335), vom „neu gegründeten Land Berlin“ spricht.

ge Bundesland als staatsrechtliches Subjekt auszulegen ist. Insgesamt kann also mit guten Gründen bestritten werden, dass Art. 141 GG in und für das aktuelle Bundesland Berlin nicht gilt, so dass auch hier das Grundrecht auf einen Religionsunterricht i. S. d. Art. 7 Abs. 2 und 3 GG geltend gemacht werden kann. Diese Auffassung entspricht aber – wie gesehen – nicht der faktisch maßgeblichen Rechtsprechung des BVerwGs und weiter Teile der religionsverfassungsrechtlichen Literatur. Daher wird davon ausgegangen, dass auch Berlin ein Abstinenzmodell etablieren kann.

Vor diesem Hintergrund wird in Berlin seit dem Schuljahr 2006/2007 das Fach „Ethik" als ordentliches Lehrfach ab der Klassenstufe 7 unterrichtet. Mit dem Scheitern des von den beiden großen christlichen Kirchen über die Initiative *Pro Reli* angestrengten Volksentscheids im Jahr 2009 wurde zudem der Jahrzehnte währende Streit über den Status des Religionsunterrichts in Berlin auch faktisch entschieden.[95] Den Religionsgemeinschaften wird jedoch die Möglichkeit eröffnet, einen eigenen Religionsunterricht in schulischen Räumen sowie mit eigenen Lehrkräften und Lehrplänen anzubieten. Die anfallenden Kosten werden i.W. durch staatliche Zuschüsse refinanziert.[96] Die Ausbildung der Lehrkräfte erfolgt an der Humboldt-Universität.[97] Zu diesem Unterricht können sich die Schülerinnen und Schüler – ggf. durch ihre Eltern – anmelden; er ist aber für das schulische Curriculum gänzlich irrelevant.[98] Anders verhält es sich naturgemäß an

---

[95] Siehe dazu *Häusler*, S. 71 (74).

[96] Zu den Rahmenbedingungen und Modalitäten siehe *Häusler*, S. 71 (79 ff.).

[97] Vgl. *Häusler*, S. 71 (93 ff.).

[98] Siehe aber zur positiven Resonanz auf das Angebot des evangelischen Religionsunterrichts durch die EKBO bei Schülerinnen und Schülern in Berlin *Häusler*, S. 71 (81 ff.).

den auch in Berlin ansässigen Schulen in religionsgemeinschaftlicher Trägerschaft.[99]

c) Brandenburg

Umstritten war und ist hingegen, ob die Abstinenzoption auch für das Land Brandenburg gilt, das als eigenes obligatorisches Lehrfach für die Klassenstufen 5–10 an allgemeinbildenden Schulen den LER-Unterricht (Lebensgestaltung-Ethik-Religion) eingeführt hat mit einer Abmeldemöglichkeit zum Religionsunterricht.[100] Der einschlägige § 11 Abs. 3 BbgSchulG lautet:

> „Das Fach Lebensgestaltung-Ethik-Religionskunde wird bekenntnisfrei, religiös und weltanschaulich neutral unterrichtet. Die Eltern werden über Ziele, Inhalte und Formen des Unterrichts in Lebensgestaltung-Ethik-Religionskunde rechtzeitig und umfassend informiert. Gegenüber der religiösen oder weltanschaulichen Gebundenheit von Schülerinnen und Schülern ist Offenheit und Toleranz zu wahren. Schülerinnen und Schüler, deren Eltern gegenüber der Schule erklären, dass ihr Kind Religionsunterricht anstelle des Faches Lebensgestaltung-Ethik-Religionskunde erhalten soll, und den Besuch eines solchen Unterrichts nachweisen, sind von der Verpflichtung zur Teilnahme am Unterricht in dem Fach Lebensgestaltung-Ethik-Religionskunde befreit. Bei Schülerinnen und Schülern, die das 14. Lebensjahr vollendet haben, tritt die eigene Erklärung an die Stelle der Erklärung der Eltern."[101]

Den Kirchen und Religionsgemeinschaften wird die Möglichkeit eingeräumt, Religionsunterricht nicht nur in den Schulen

---

[99] Vgl. *Häusler*, S. 71 (89 ff.).

[100] Zu den historischen Hintergründen *Lenz*, S. 97 (97 ff.; zum LER ebd., S. 100 f., 108 ff..).

[101] § 11 Abs. 3 Gesetz über die Schulen im Land Brandenburg (Brandenburgisches Schulgesetz – BbgSchulG) in der Fassung der Bekanntmachung vom 2. August 2002; GVBl. I/02 [Nr. 8], S. 78 ff.

in eigener Trägerschaft[102], sondern auch in den Räumen der öffentlichen Schulen anzubieten und durchzuführen, wenn eine Mindestteilnehmendenzahl von zwölf Schülerinnen und Schülern nachgewiesen werden kann.[103] Die erforderlichen Räume sind vom jeweiligen Schulträger zu stellen. Der Religionsunterricht wird hier also staatlich unterstützt, jedoch als religionsgemeinschaftliche bzw. kircheneigene und nicht als staatliche Schulveranstaltung durchgeführt. Folglich wird der Unterricht von Lehrkräften erteilt, die von den Kirchen und Religionsgemeinschaften beauftragt werden. Sie sind an die verbindlichen curricularen Vorgaben, die denen für den staatlichen Unterricht qualitativ entsprechen müssen, gebunden.[104] Der Religionsunterricht soll in die Unterrichtszeit des staatlichen Unterrichts integriert werden.[105]

Die Frage, ob die neuen Bundesländer insgesamt in den Anwendungsbereich des Art. 141 GG fallen, hat in der religionsverfassungsrechtlichen Literatur eine umfangreiche Kontroverse ausgelöst.[106] Das BVerfG hat sie in seinem Vergleichsvorschlag für das Land Brandenburg offen gelassen.[107] Im

---

[102] Siehe dazu *Lenz*, S. 123 ff. m. w. N.

[103] Dazu und zum Folgenden *Lenz*, S. 115 ff.

[104] Insbesondere zu den jeweiligen Rahmenplänen siehe *Lenz*, S. 116 f.

[105] Zur Praxis der beiden Unterrichtsfächer siehe *Lenz*, S. 119 ff.

[106] *Für* die Geltung des Art. 141 GG in den neuen Ländern u. a. *Schlink*, NJW 1992, 1008 ff.; *Renck*, LKV 1993, 88 f.; *Schlink/Poscher*, passim. *Dagegen* u. a. *Ogorek*, Rn. 93; *Stern*: Staatsrecht, Bd. IV/2, S. 516; *Gröschner*, in: H. Dreier (Hrsg.), Art. 141 Rn. 13 ff.; *Jeand'Heur/Korioth*, Rn. 317 ff.; *Mückl*, AöR 122 (1997), 513 ff.; *Uhle*, DÖV 1997, 409 ff.; *de Wall*, ZevKR 42 (1997), 353 ff.; *Germann*, ZevKR 45 (2000), 631 ff.; *Link*, ZevKR 47 (2002), 449 ff.; *Tangermann*, ZevKR 50 (2005), 184 ff. *Czermak/Hilgendorf*: Religions- und Weltanschauungsrecht, Rn. 288, hält die Frage für „nach wie vor ungeklärt".

[107] BVerfGE 104, 305; 105, 235; 106, 210. Zur Zulässigkeit des Vergleichs vor dem BVerfG *Th. I. Schmidt*, NVwZ 2002, 980 ff.

Ergebnis ist sie zu verneinen. Zwar sahen die in den Jahren 1946/47, also vor dem 1.1.1949 unter dem Einfluss der sowjetischen Besatzung zustande gekommenen Verfassungen der damaligen Länder unstreitig keinen Religionsunterricht i. S. d. Art. 7 Abs. 2 und 3 GG vor. Für die Nicht-Anwendbarkeit des Art. 141 GG sind jedoch neben dem Umstand, dass diese Norm als Ausnahmevorschrift eng auszulegen ist, zumindest zwei Argumente maßgeblich. Das *Wortlaut-Argument* besagt, dass die Bedeutung des Begriffs „Land" i. S. d. Art. 141 GG nicht umgangssprachlich als „geografisches Gebiet", sondern aus seinem verfassungsrechtlichen Kontext heraus als „staatsrechtliches Subjekt" bestimmt werden muss. Das bedeutet, dass ein Bundesland als staatsrechtliches Subjekt vom Inkrafttreten der Norm (1949) bis zum Inkrafttreten des Grundgesetzes in seinem Territorium (1990) ununterbrochen existiert haben muss. Diese Voraussetzung erfüllen die neuen Bundesländer offensichtlich nicht, denn sie sind durch das Ländereinführungsgesetz vom 22.7.1990 neu gegründet worden.[108] Mit dem *teleologischen Argument* wird darauf hingewiesen, dass Art. 141 GG als „Bremer Klausel" den Schutz einer in die jeweilige Ländergeschichte zurückreichenden föderativen Tradition bezweckt. Der Verfassunggeber des Grundgesetzes wollte mit der Einfügung von Art. 141 GG erkennbar der besonderen Situation in Bremen und allenfalls in einigen anderen westlichen Bundesländern, nicht hingegen der Verfassungslage in den Ländern der Sowjetischen Besatzungszone gerecht werden.[109] Im Übrigen stellte die Verfassungslage in diesen Ländern gerade einen bewussten Bruch mit vorhergehenden Traditionen dar.

---

[108] GBl. DDR 1990 I, S. 955.

[109] Ebenso *Link*: „LER", Religionskundeunterricht und das deutsche Staatskirchenrecht, S. 1272 (1280).

Nach Maßgabe des Vergleichsvorschlags des BVerfGs kann das Land Brandenburg von der Einführung eines Religionsunterrichts nach Art. 7 Abs. 2 und 3 GG absehen und das Fach LER in der beschriebenen Weise an allgemeinbildenden Schulen vorsehen und muss dann zugleich den Religionsgemeinschaften das Recht zugestehen, in der ebenfalls beschriebenen Weise einen eigenen Religionsunterricht in schulischen Räumen anzubieten.

V. Zwischenfazit

Nach diesem kursorischen Überblick über die rechtlichen und tatsächlichen Ausgangs- und Rahmenbedingungen für den Religionsunterricht kann ein erstes Zwischenfazit gezogen werden. Über Jahrhunderte gab es keinen Anlass, über Alternativen zum Idealbild des von *einer* Religionsgemeinschaft in „konfessionelle(r) Gebundenheit und Positivität" verantworteten Religionsunterricht nachzudenken. Der gesamtgesellschaftliche und speziell der religionssoziologische Wandel, der seit dem Erlass der aktuell maßgeblichen Norm und der bisher einzigen Leitentscheidung des BVerfGs zum Religionsunterricht zu verzeichnen ist, hat in der Praxis aus der Not und dem Willen heraus, Religionsunterricht i. S. d. Art. 7 Abs. 2 und 3 GG auch fürderhin zu gewährleisten, einen bunten Strauß von Alternativmodellen erblühen lassen. Nicht nur am Rande ist das Paradox bemerkenswert, dass sich die interkonfessionellen und interreligiösen Ansätze als *Fortentwicklung* des Religionsunterrichts gerieren und auch gemeinhin als solche bezeichnet werden.[110] Tatsächlich geht es ihnen

---

[110] In diese gedankliche Richtung geht auch das (Zwischen-) Fazit bei *Scheliha/Wißmann*, S. 32: „Der Religionsunterricht nach Maßgabe des

aber darum, die verfassungsrechtliche Gewährleistung des Religionsunterrichts nach Art. 7 Abs. 2 und 3 GG auch unter veränderten Rahmenbedingungen aufrecht zu erhalten. Durch eine kreative Praxis soll die Erfüllung der religionsverfassungsrechtlichen Vorgabe der Einrichtung von Religionsunterricht auch für die Zukunft gesichert werden.

Für die Fort*existenz* und erst recht für die Fort*entwicklung* dieser im beschriebenen Sinn konservierenden Modelle scheint die bisherige religionsverfassungsrechtliche Dogmatik jedoch nahezu unüberwindbare Hürden aufzurichten, die aus eben dem referierten Idealbild geformt sind.

Zweifellos ist jede Auslegung des Art. 7 Abs. 2 und 3 GG untauglich, die zu einer vollständigen dogmatischen Konturenlosigkeit der Norm führt. „Die verfassungsrechtliche Garantie des Religionsunterrichts hat sozusagen eine natürliche Kehrseite: Sie ist an Voraussetzungen gebunden, die nicht einfach übergangen werden dürfen, wenn das Privileg des Religionsunterrichts nicht verspielt werden soll."[111] Im Folgenden ist daher zu fragen, ob sich neue und den Religionsunterricht absichernde Impulse für eine dogmatische Horizonterweiterung durch die Besinnung auf die Verortung des Art. 7 Abs. 2 und 3 GG im Gesamtsystem des Religionsverfassungsrechts mit dem Grundrecht auf Religionsfreiheit als Fundament ergeben könnten.

Art. 7 Abs. 3 GG ist im gleichen Moment Grundmodell und eine Plattform für Verschiedenheit".

[111] *von Scheliha/Wißmann*, S. 36.

C. Der Religionsunterricht im religionsverfassungsrechtlichen System des Grundgesetzes

I. Die Religionsfreiheit als Fundament des Religionsverfassungsrechts

Die von Gretchen an Faust gerichtete Frage „Nun sag', wie hast du's mit der Religion?" ist auch vom demokratischen Verfassungsstaat des Grundgesetzes zu beantworten.[1] Die Antwort liegt im grundgesetzlichen Religionsverfassungsrecht. Dieses Rechtsgebiet umfasst die Gesamtheit der staatlichen Normen, die das Verhältnis des Staates zur Religion regeln.[2] Es handelt sich um Recht des säkularen Staates, das kraft seiner originären Rechtsetzungsmacht als säkulares Rahmenrecht für alle Religionen und Religionsgemeinschaften gilt. Die religionsverfassungsrechtlichen Begriffe „sind Rahmenbegriffe weltlich-staatlichen Charakters, die den divergierenden religiösen Vorstellungen der Bürger und der Religionsgemeinschaften Freiheit gewähren und Schranken ziehen."[3] Die Ausfüllung dieser Begriffe bleibt weitgehend, d.h. in dem reli-

---

[1] Vgl. *Di Fabio*, S. 15 (29).

[2] Zur Abgrenzung der Begriffe Staatskirchenrecht und Religionsverfassungsrecht siehe u.a. *Unruh*: Religionsverfassungsrecht, Rn. 1 ff. m.w.N.

[3] *M. Heckel*: Religionsfreiheit und Staatskirchenrecht, S. 303 (307).

gionsverfassungsrechtlich vorgegebenen Rahmen, dem jeweiligen religiösen Selbstverständnis der Betroffenen überlassen. Das religionsbezogene staatliche Recht zeichnet sich also durch eine säkulare und neutrale Selbstbeschränkung aus, die die religiöse Wahrheitsfrage bewusst offen lässt.

Der Gehalt des jeweiligen Religionsverfassungsrechts differiert weltweit und damit auch in Europa und in den Mitgliedstaaten der EU z.T. sehr stark. Systematisch kann cum grano salis zwischen den beiden Polen des Staatskirchentums – etwa in Dänemark[4] – und der zumindest konzeptionell vollständigen Trennung zwischen Staat und Religion – etwa in Frankreich[5] – sowie diversen Zwischen- bzw. Kooperationsmodellen unterschieden werden. Zu diesen Kooperationsmodellen zählt auch das deutsche Religionsverfassungsrecht.[6]

Ob das Religionsverfassungsrecht des Grundgesetzes als System gelten kann, ist umstritten. Skepsis nährt sich vor allem aus dem Hinweis darauf, dass es sich historisch-revolutionär sowie stark kompromissformelhaft entwickelt habe und nicht auf der Grundlage einer einheitlichen Konzeption. Dagegen lässt sich nach Maßgabe einer konsequent grundrechtszentrierten Lesart die These vertreten und verteidigen, dass dem Grundgesetz ein System des Religionsverfassungsrechts zu entnehmen ist mit dem Grundrecht auf Religionsfreiheit aus Art. 4 Abs. 1 und 2 GG als Ausgangspunkt und

---

[4] Dazu u. a. *Vinding*, S. 87 ff.

[5] Dazu u. a. *Classen*: Laizität und Religionsfreiheit in Frankreich, ZevKR 62 (2017), S. 111 ff., und *Messner*, S. 213 ff.

[6] Vgl. *Unruh*: Religionsverfassungsrecht, Rn. 579.

Fundamentalnorm.[7] Für diese Auffassung lassen sich zumindest vier Argumente anführen.[8]

Zunächst ist auf die Systematik des Grundgesetzes hinzuweisen. Hier ist auffällig, dass das Grundrecht der Religionsfreiheit an der Spitze des Kataloges der speziellen Freiheitsrechte angesiedelt ist, während insbesondere die Inkorporation der Weimarer Kirchenartikel erst in den Übergangs- und Schlussbestimmungen erfolgt. Insgesamt gilt: „Die Glaubens- und Gewissensfreiheit ist eine der fundamentalen Verbürgungen im Kanon der Grundrechte."[9]

Daran anschließend ist – zweitens – zu betonen, dass das Grundgesetz anders als auch die Vorgängerverfassung aus Weimar konsequent den Vorrang des Individuums vor den Institutionen markiert.[10] Mit der in Art. 1 Abs. 1 GG verankerten Menschenwürde wird die (rechtliche) Autonomie der Freien und Gleichen als zugleich verfassungstheoretische und verfassungsrechtliche Grundlage des Grundgesetzes be-

---

[7] Ebenso u. a. BVerfGE 102, 370 (393); das BVerfG bezeichnet Art. 4 Abs. 1 und 2 GG zuweilen und zutreffend auch als „leitenden Bezugspunkt des deutschen staatskirchenrechtlichen Systems" (BVerfGE 139, 321 (349)). Aus der Literatur etwa *Borowski*, S. 298 ff.; *Germann*, in: Epping/Hillgruber (Hrsg.); Art. 140 Rn. 4. Gegen die grundrechtliche Deutung u. a. *Uhle*: Staat-Kirche-Kultur, S. 131 ff.; *Hillgruber*, JZ 1999, 538 (547); dagegen *Waldhoff*, in: Holzner/Ludyga (Hrsg.), S. 13 (24 ff.) m. w. N.

[8] Zum Folgenden siehe insbesondere *Unruh*: Religionsverfassungsrecht, Rn. 4 ff.

[9] *Di Fabio*, in: Dürig/Herzog/Scholz (Hrsg.), Art. 4, Rn. 26.

[10] Zur Verfassungstheorie siehe *Unruh*: Der Verfassungsbegriff, S. 340 ff.; mit Bezug auf das Religionsverfassungsrecht insbesondere *M. Heckel*: Religionsfreiheit und Staatskirchenrecht, S. 303 (309 ff.); und *Morlok*, in: Heinig/Walter (Hrsg.), S. 185 (192). Mit diesem Argument kann dem Vorwurf von *Augsberg*, in: Holzner/Ludyga (Hrsg.), S. 73 (84), es würde bei der Diskussion über das Religionsverfassungsrecht „erstaunlich selten auf den spezifischen Sinn des Verfassungskonzepts verwiesen", begegnet werden.

nannt.[11] Die unmittelbar nachfolgenden Grundrechte formen diese Grundlage in spezifische Rechtspositionen des Individuums aus, u.zw. jeweils in einer Abwehr- und einer Schutzdimension.

Ferner und drittens ist an die Genese des Grundgesetzes zu erinnern. Hier war im Kontext des Religionsverfassungsrechts zunächst ausschließlich das Grundrecht auf Religionsfreiheit an zentraler Stelle vorgesehen. Das weitere Religionsverfassungsrecht, inklusive des Art. 7 Abs. 2 und 3 GG wurde erst im Verlaufe der Beratungen des Parlamentarischen Rates hinzugefügt.[12]

Schließlich und viertens kann ein pragmatisches Argument aus der Rechtsvergleichung und dem europäischen Gemeinschaftsrecht angeführt werden. Eine rechtsvergleichende Analyse ergibt, dass sich das Konzept des grundrechtszentrierten Religionsverfassungsrechts auch in den rechtlichen Diskursen und Rechtsordnungen anderer Länder durchzusetzen beginnt.[13] In diesem Zusammenhang dürfte auch rein terminologisch der Begriff des „Religionsverfassungsrechts" auf internationaler Ebene eher zu vermitteln sein als der mit spezifisch deutschen Besonderheiten behaftete Begriff des „Staatskirchenrechts".[14] Hinsichtlich des Gemeinschafts-

---

[11] Statt vieler *H. Maurer*: Religionsfreiheit in der multikulturellen Gesellschaft, S. 455 (457); *Kokott*, in: Sachs (Hrsg.), Art. 4 Rn. 3; *Germann*, in: Epping/Hillgruber (Hrsg.), Grundgesetz, Art. 4 Rn. 1. Zum Würdegehalt der Religionsfreiheit siehe u. a. *Di Fabio*, in: Dürig/Herzog/Scholz (Hrsg.), Art. 4, Rn. 28 ff.

[12] Siehe dazu u. a. *Korioth*, in: Dürig/Herzog/Scholz (Hrsg.), Art. 140 Rn. 4 ff.; *Muckel*, in: Friauf/Höfling (Hrsg.), Art. 140, Rn. 14, und *Mager*, in: von Münch/Kunig (Hrsg.), Art. 140, Rn. 2; *Borowski*, S. 57 ff.; *Stern*: Staatsrecht, Bd. IV/2, S., S. 914 ff. (917), jeweils m. w. N.

[13] Dazu Beispiele bei *Hense*, Staatskirchenrecht oder Religionsverfassungsrecht, S. 9 (41).

[14] Ebenso *H. Weber*, EssGspr. 42 (2008), S. 114.

rechts ist in diesem Kontext darauf hinzuweisen, dass sich auch dort die grundrechtszentrierte, zumeist an Art. 9 EMRK ausgerichtete Betrachtungsweise der Religion etabliert hat. Die Verwendung des programmatischen Begriffs des Religionsverfassungsrechts hält das grundgesetzliche Modell in Europa anschlussfähig. Es kann sogar als Vorbild dienen, „weil es aus vielfältigen langen Erfahrungen religiöser Konflikte erwuchs und im europäischen Vergleich zukunftsträchtig ist".[15]

Insgesamt lässt sich das Religionsverfassungsrecht des Grundgesetzes jedenfalls schlüssig als grundrechtszentriertes, kohärentes und konsistentes System beschreiben.[16] Diese Beschreibung wirkt sich naturgemäß (auch) in der konkretisierenden Rekonstruktion der Struktur des Religionsverfassungsrechts nieder.

II. Die Struktur des Religionsverfassungsrechts

Die Struktur dieses Systems ist geprägt vom Grundrecht der Religionsfreiheit als seinem normativen Fundament. Auf diesem Fundament erhebt sich das Gebäude des grundgesetzli-

---

[15] *M. Heckel*: Religionsfreiheit und Staatskirchenrecht, S. 303 (312). Zum Aspekt der Anschlussfähigkeit im europäischen Kontext siehe auch *Korioth*: Vom institutionellen Staatskirchenrecht zum grundrechtlichen Religionsverfassungsrecht?, S. 727 (747), und *Walter*, Staatskirchenrecht oder Religionsverfassungsrecht?, S. 215 (239).

[16] Skeptisch gegenüber der Idee eines Systems des Religionsverfassungsrechts *v. Campenhausen/de Wall*, § 39; ausführlich und i.W. affirmativ zum Systemgedanken mit der Religionsfreiheit als archimedischem Punkt *Germann*: Das System des Staatskirchenrechts in Deutschland, Rn. 1 ff.

chen Religionsverfassungsrechts mit den tragenden Säulen des Verbots der Staatskirche in Art. 140 GG i. V. m. Art. 137 Abs. 1 WRV und dem Selbstbestimmungsrecht der Religionsgemeinschaften aus Art. 140 GG i. V. m. Art. 137 Abs. 3 WRV. Zu den stabilisierenden Verstrebungen in diesem Gebäude gehören sodann die weiteren religionsverfassungsrechtlichen Bauelemente, zu denen etwa der Körperschaftsstatus i. S. d. Art. 140 GG i. V. m. Art. 137 Abs. 5 WRV[17], aber auch die Gewährleistung des Religionsunterrichts in Art. 7 Abs. 2 und 3 GG gehört. Im Folgenden werden (nur) die Grundlinien dieser Struktur nachgezeichnet.

1. Das Fundament: Das Grundrecht auf Religionsfreiheit aus Art. 4 Abs. 1 und 2 GG

a) Der Status des Art. 4 Abs. 1 und 2 GG als dogmatisches Fundament

Der Status des Grundrechts auf Religionsfreiheit in der Dogmatik zum grundgesetzlichen Religionsverfassungsrecht erhellt insbesondere aus der Verhältnisbestimmung zu den über Art. 140 GG inkorporierten sog. Weimarer Kirchenartikeln (Art. 136–139, 141 WRV), die als vollgültiges Verfassungsrecht zu betrachten sind.[18] Zu dieser Verhältnisbestimmung werden drei divergierende Auffassungen bzw. Thesen vertreten.

Nach der *Trennungsthese* besteht zwischen Art. 4 GG und Art. 140 GG ein kategorialer Unterschied, d. h. sie regeln jeweils unterschiedliche Sachverhalte. Während Art. 4 Abs. 1 und 2 GG ein individuelles Freiheitsrecht normiere, beschrieben die über Art. 140 GG inkorporierten Vorschriften der

[17] Sieh dazu u. a. *Unruh*: Religionsverfassungsrecht, Rn. 275 ff.

[18] BVerfGE 111, 10 (50).

WRV das institutionelle Grundverhältnis zwischen dem Staat und den Kirchen bzw. allen Religionsgemeinschaften. Ein normativer Zusammenhang bestehe nur insofern als auch die Verletzung der institutionellen Gewährleistungen mit der (behaupteten) Grundrechtsverletzungen vorbehaltenen Verfassungsbeschwerde nach Art. 93 Abs. 1 Nr. 4a GG i.Vm. §§ 90 ff. BVerfGG vor dem BVerfG geltend gemacht werden könnten.[19]

Die gegenpolige *Einheitsthese* stellt dieser dualen Betrachtungsweise eine einheitlich grundrechtliche Lesart entgegen. Danach wird das gesamte grundgesetzliche Religionsverfassungsrecht unter Einschluss der in den inkorporierten Weimarer Kirchenartikeln enthaltenen Vorschriften über die Religionsgemeinschaften konsequent aus der Perspektive des Grundrechts der Religionsfreiheit betrachtet und daraus ableitet.[20] Dieser Auffassung scheint auch das BVerfG in seiner jüngeren Rechtsprechung zuzuneigen.[21] Insgesamt wird nach dieser Auffassung das Grundrecht der Religionsfreiheit zur Grundnorm des gesamten Religionsverfassungsrechts erklärt. Ihr ist entgegenzuhalten, dass jedenfalls einige der aus der WRV übernommenen Regelungen – etwa die Option der Religionsgemeinschaften, den Status einer Körperschaft des öffentlichen Rechts zu erlangen – nicht als zwingende Ableitung aus der Religionsfreiheit betrachtet werden können; anderenfalls müsste religionsverfassungsrechtlichen Systemen, die zwar die Religionsfreiheit gewährleisten, aber diese Elemente nicht kennen, ihr religionsfreiheitswahrender Charak-

---

[19] Für diese Auffassung u. a. *Grzeszick*, AöR 129 (2004), S. 168, (187 ff.); *H. Maurer*, S. 335 (349 f.); *Stern*: Staatsrecht, Bd. IV/2, S. 922.

[20] So etwa die Zusammenfassung bei *Walter*: Religionsverfassungsrecht, S. 200 ff.

[21] Vgl. BVerfGE 102, 370 (387, 395). Zur Entwicklung der Rspr. des BVerfG siehe *Neureither*, NVwZ 2011, S. 1192 ff.

ter abgesprochen werden. Gegen die Trennungsthese spricht hingegen u. a. der Umstand, dass vermeintlich „institutionelle" Regelungen in einem untrennbaren Bezug zur Ermöglichung und Förderung der Grundrechtsverwirklichung stehen.

Nach der i.E. vorzugswürdigen *Vermittlungsthese* sollte daher das Grundrecht aus Art. 4 Abs. 1 und 2 GG zwar nicht als „Grundnorm", wohl aber als religionsverfassungsrechtliche Grundentscheidung gewertet, und die inkorporierten Weimarer Kirchenartikel zwar nicht als zwingende Ableitungen, wohl aber als für das deutsche Religionsverfassungsrecht spezifische, d.h. variable Ausprägungen der Schutzpflichtendimension der Religionsfreiheit betrachtet werden.[22] Diese Sichtweise ist kompatibel mit der aktuellen Rechtsprechung des BVerfGs zur funktionalen und konkretisierenden Ausrichtung dieser Artikel auf Art. 4 Abs. 1 und 2 GG.[23] Damit ist zugleich gewährleistet, dass die Weimarer Kirchenartikel über Art. 4 Abs. 1 und 2 GG dogmatisch konsistent auch im Wege der Verfassungsbeschwerde geltend gemacht werden können.[24] Ein weiterer willkommener Nebeneffekt dieser Interpretation liegt – wie bereits bemerkt – in der Anschlussfähigkeit des deutschen Religionsverfassungsrechts an die grundrechtlich geprägte europäische Rechtslage; denn über

---

22 Vgl. *Unruh*: Religionsverfassungsrecht (Anm. 3), Rn. 68.

23 Vgl. BVerfGE 139, 321 (349): „Die Weimarer Kirchenartikel sind einerseits funktional auf die Inanspruchnahme und Verwirklichung des Grundrechts der Religionsfreiheit angelegt […], und andererseits wird der Gewährleistungsgehalt des Art. 4 Abs. 1 und 2 GG durch Art. 140 GG in Verbindung mit den inkorporierten Artikeln der Weimarer Reichsverfassung institutionell konkretisiert und ergänzt […]."

24 Dazu *Jeand'Heur/Korioth*, Rn. 158 m.w.N. Für den Status der inkorporierten Artikel der WRV als grundrechtsgleiche Rechte *Stern*: Staatsrecht, Bd. IV/2, S. 1175.

Art. 6 Abs. 3 EUV kann diese spezifisch deutsche Ausprägung des Religionsverfassungsrechts auch im europäischen Einigungsprozess Bestand haben. Auf der Grundlage dieser Vermittlungsthese wird das Grundrecht auf Religionsfreiheit allerdings auch – d. h. ähnlich wie im Kontext der Einheitsthese – zum dogmatischen Fundament des grundgesetzlichen Religionsverfassungsrechts.

b) Der dogmatische Gehalt des Grundrechts auf Religionsfreiheit

Die grundgesetzlich gewährleistete Religionsfreiheit ist ein Grundrecht, dessen Gehalt mit den Methoden der allgemeinen Grundrechtsdogmatik zu ermitteln, d. h. im Prüfungsdreischritt von Schutzbereich, Eingriff und verfassungsrechtlicher Rechtfertigung zu ermitteln ist.[25] Nachdem die einschlägige Dogmatik nach dem Erlass des Grundgesetzes und bis weit in die 1990er Jahre eine ruhige und vor allem vom BVerfG geprägte Entwicklung genommen hat, ist sie seitdem aufgrund der stark veränderten gesamtgesellschaftlichen und speziell religionssoziologischen Rahmenbedingungen zunehmend in den Fokus der wissenschaftlichen und politischen Auseinandersetzung geraten. So vermag es nicht zu überraschen, dass nunmehr die Dogmatik der Religionsfreiheit in nahezu allen Facetten umstritten ist. Im Folgenden wird nur ein Überblick über diese Dogmatik geboten.[26]

---

[25] Schlagwortartig *Heinig*: Religions- und Weltanschauungsfreiheit, Rn. 28: „Es gibt keine *Sonderdogmatik* zu Art. 4 Abs. 1 und 2 GG [...]." (Hervorhebung im Original).

[26] Ausführlich dazu *v. Campenhausen/de Wall*: Religionsverfassungsrecht, § 12; *Classen*: Religionsrecht, Rn. 140 ff., und *Unruh*: Religionsverfassungsrecht, Rn. 69 ff., jeweils m. w. N. Die folgenden Ausführungen entstammen i. W. dem Überblick bei *Unruh*: Kirche(n) und Staat im demokratischen Verfassungsstaat, S. 603 (608 f.).

aa. Schutzaspekte

Art. 4 Abs. 1 und 2 GG lautet: „*(1) Die Freiheit des Glaubens, des Gewissens und die Freiheit des religiösen und weltanschaulichen Bekenntnisses sind unverletzlich. (2) Die ungestörte Religionsausübung wird gewährleistet.*" Die Norm beschreibt ein einheitliches Grundrecht der Religionsfreiheit mit drei sich z.T. überlagernden Schutzaspekten.[27] Mit der *Freiheit des Glaubens* wird die Bildung und Beibehaltung einer religiösen Überzeugung, d.h. das forum internum geschützt. Mit der *Freiheit des religiösen Bekenntnisses* wird das Recht gewährleistet, die eigene religiöse Überzeugung in vielfältiger Form kommunikativ nach außen zu tragen. Die *Freiheit der Religionsausübung* wird schließlich und ganz überwiegend weit verstanden. Mit den Worten des BVerfGs ist davon umfasst „das Recht des Einzelnen, sein gesamtes Verhalten an den Lehren seines Glaubens auszurichten und seiner inneren Glaubensüberzeugung gemäß zu handeln."[28] Dazu gehört auch das Recht, sich zu Religionsgemeinschaften zusammenzuschließen, die sich ihrerseits auf das Grundrecht der Religionsfreiheit berufen können. Diese extensive Auslegung ist umstritten. Ihr wird in Teilen der Literatur das Postulat der Schutzbereichsbegrenzung entgegengehalten. Es begegnet in zwei Varianten, von denen die erste den Schutzbereich strikt auf die Kultusfreiheit, also den Vollzug von Glaubens-und Kultushandlungen begrenzen möchte.[29] Die Vertreter der zweiten Variante stellen auf ein Konnexitätsgebot ab. Danach

---

[27] Gegen die Qualifizierung des Grundrechts aus Art. 4 Abs. 1 und 2 GG als einheitliches Grundrecht etwa *Kästner*, JZ 1998, S. 974 ff. Zur Gegenauffassung *Unruh*: Religionsverfassungsrecht, Rn. 78 ff., m. w. N.

[28] BVerfGE 32, 98 (106); ebenso BVerfGE 93, 1 (15), 108, 282 (297).

[29] So etwa *Kästner*, JZ 1998, S. 974 (980); *Schoch*, S. 149 (159), und *Waldhoff*: Die Zukunft des Staatskirchenrechts, S. 55 (75 f.).

sei der Schutzbereich der Religionsfreiheit nur dann eröffnet, wenn geltend gemacht wird, dass gerade das staatlicherseits verlangte oder verbotene Verhalten mit einem „echten", „konkreten" bzw. „zwingenden" Glaubenssatz der jeweiligen Religion kollidiert.[30] Gegen beide Varianten können grundrechtsdogmatische Argumente eingewandt werden.[31] So sind auch vorbehaltlos gewährleisteten Grundrechten zumindest verfassungsimmanente Grenzen gezogen (s. u. 2.), die der Gefahr einer Entgrenzung des Grundrechtsschutzes auch der Religionsfreiheit entgegenwirken. Zudem bleibt die erforderliche Abwägungsentscheidung zwischen verschiedenen (Verfassungs-) Rechtsgütern keineswegs hinter der vermeintlichen Rationalität einer Schutzbereichsbegrenzung zurück. Beide sind Ergebnis einer Wertung, die im Falle der Abwägung auf der Ebene der verfassungsrechtlichen Rechtfertigung von Eingriffen offengelegt und damit offen nachvollzieh- und nachprüfbar wird. Insgesamt bietet die abwägungsbasierte Schrankendogmatik einen hinreichenden Schutz vor einer „Hypertrophie des Grundrechts auf Religionsfreiheit".[32]

Unmittelbar aus diesem Grundrecht folgt das *Gebot der religiös-weltanschaulichen Neutralität des Staates.*[33] Es enthält ein Beeinflussungs-, ein Identifikations- und ein Bewertungs-

---

[30] In diesem Sinne etwa *Walter*: Religionsverfassungsrecht, S. 511 f., und *Borowski*, S. 433.

[31] Zum Folgenden siehe vor allem *Unruh*: Religionsverfassungsrecht, Rn. 87 m. w. N.

[32] *Kästner*: JZ 1998, S. 974 (974).

[33] Allgemein zum Neutralitätsgebot siehe die in jeder Hinsicht gewichtigen Werke von *Huster*, passim, und *Engi*, passim. Siehe dazu auch *H. Dreier*: Die religiös-weltanschauliche Neutralität des Staates, S. 95 ff. Zu Recht gegen eine Verabschiedung des Neutralitätsgebotes *Heinig*, JZ 2009, S. 1136 ff. Kurzer Überblick bei *Link*: Neutralität, S. 1043 f.

verbot auch gegenüber den Kirchen bzw. allen Religionsgemeinschaften. Es ist andererseits nicht gleichbedeutend mit einem vermeintlichen Gebot kritischer Distanz gegenüber der Religion. Das BVerfG versteht das Neutralitätsgebot als Gebot einer offenen Neutralität, das die staatliche – auch finanzielle – Förderung von Religion und Religionsgemeinschaften nicht grundsätzlich ausschließt.[34]

bb. Schranken

Art. 4 GG enthält keinen ausdrücklichen Schrankenvorbehalt. Die gelegentlich vertretene Auffassung, der Schrankenvorbehalt aus Art. 140 GG i. V. m. Art. 136 Abs. 1 WRV („*Die bürgerlichen und staatsbürgerlichen Rechte und Pflichten werden durch die Ausübung der Religionsfreiheit weder bedingt noch beschränkt.*") sei auf Art. 4 Abs. 1 und 2 GG zu übertragen, ist abzulehnen.[35] Schon der Wortlaut der Vorschrift spricht gegen diese dogmatische Translatio. Gleiches gilt für eine historisch-systematische Betrachtung der Norm. Sie führt zu der Erkenntnis, dass sie keine Beschränkung der Religionsfreiheit, sondern ein Differenzierungsverbot normiert. Mit ihr sollte der Bevorzugung oder Benachteiligung der Angehörigen bestimmter Religions- oder Weltanschauungsgemeinschaften gewehrt werden.[36] Schließlich kann auch auf die i. Ü. im Grundgesetz durchgehaltene Schrankenspezialität der Grundrechte verwiesen werden, derzufolge die konkreten

---

[34] Grundlegend BVerfGE 41, 29 (50). Siehe auch BVerfGE 123, 148 (178 ff.).

[35] Für einen Schrankenvorbehalt aus Art. 140 GG i. V. m. Art. 136 Abs. 1 WRV u. a. *Schoch*, S. 149 (163 ff.), und *Kästner*, JZ 1998, S. 974 (982 f.); dagegen u. a. BVerfGE 33, 23 (30 f.); 93, 1 (21); 102, 270 (387). Zu dieser Diskussion siehe *Unruh*: Religionsverfassungsrecht, Rn. 120 ff., m. w. N.

[36] *Ebenso u. a. Maurer*, ZevKR 49 (2004), S. 311 (323); *Borowski*, S. 491.

(Gesetzes-)Vorbehalte jeweils im Anschluss an die Grundrechtsgewährleistung aufgeführt werden.[37]

Gleichwohl ist die Religionsfreiheit unter dem Grundgesetz – natürlich – nicht schrankenlos gewährleistet. Maßgeblich sind sog. *verfassungsimmanente Schranken*, d.h. Grundrechte Dritter oder sonstige Rechtsgüter mit Verfassungsrang, die Eingriffe in die Religionsfreiheit rechtfertigen können.[38] Auch Einschränkungen des Neutralitätsgebotes können gerechtfertigt sein, etwa wenn eine Religionsgemeinschaft Integrität und Persönlichkeit ihrer Mitglieder durch Gewalt und Misshandlung verletzt, den Austritt durch strafbewehrte Nötigung zu verhindern sucht oder sich im aktiven Kampf gegen die freiheitlich-demokratische Grundordnung wendet. Hier stellt eine unterschiedliche Behandlung von Religionsgemeinschaften durch den Staat keine Privilegierung etwa der christlichen Kirchen dar. Vielmehr ist sie zum Schutz von Grundrechten Dritter nicht nur legitimiert, sondern geradezu geboten.

2. Das Verbot der Staatskirche

Die erste tragende Säule des Verhältnisses von Religion bzw. Religionsgemeinschaften und Staat unter dem Grundgesetz wird durch Art. 140 GG i.V.m. Art. 137 Abs. 1 WRV geformt; er lautet schlicht: „*Es besteht keine Staatskirche.*" Mit diesem Paukenschlag der Verfassunggebung von 1919, der im Grundgesetz nachhallt, wurden jedenfalls die letzten Reste des lan-

---

[37] Vgl. *v. Campenhausen/de Wall*: Religionsverfassungsrecht, § 13, Rn. 55.

[38] Zur Dogmatik des Eingriffs in die Religionsfreiheit und konkrete Problemlagen (etwa die Konfrontation mit religiösen Symbolen und staatliche Warnungen bzw. Informationen über Religionsgemeinschaften) siehe u.a. *Unruh*: Religionsverfassungsrecht, Rn. 107 ff. m.w.N.

desherrlichen Kirchenregiments in den evangelischen Kirchen beseitigt und die Trennung von (seinerzeit) Kirchen und Staat auf Verfassungsebene normativ grundlegend neu justiert.[39]

Aus dieser Trennung folgt das grundsätzliche Verbot institutioneller und funktioneller Verbindungen beider Sphären.[40] Die weltlichen Aufgaben und die Erfüllung des geistlichen Auftrags der Religionsgemeinschaften sollten künftig getrennt werden. Ausnahmen von dieser Ausdifferenzierung können nur dem Grundgesetz selbst entnommen werden.[41]

Streit besteht über die normative Reichweite des Trennungsgebotes. Gegen die *These einer strikten Trennung* i.S. eines Verbotes jeglicher Berührung von Staat und Religion bzw. Religionsgemeinschaften spricht schon der Wortlaut des Art. 137 Abs. 1 WRV, der allein das Verbot des Staatskirchentums benennt.[42] Ferner lässt das Grundgesetz selbst eine Reihe von Verbindungen zu, etwa bei der Kirchensteuer und in der Anstaltseelsorge (Art. 140 GG i.V.m. Art. 141 WRV). Im Ergebnis ist daher von einer *freundlichen Trennung* auszugehen, die eine sachlich begründete Berührung von Staat und Religion sowie eine Kooperation von Staat und Religionsgemeinschaften nicht ausschließt und in einigen Bereichen sogar verfassungsrechtlich vorschreibt.[43] So begreift das BVerfG das Verbot der Staatskirche zutreffend (nur) als Verbot institutioneller bzw. organisatorischer Verbindungen zwischen

---

[39] *Anschütz*, S. 603. Siehe auch *Heinig*: „Es besteht keine Staatskirche", S. 265 (267), der feststellt, „dass 1918 eigentlich keine Staatskirche mehr bestand."

[40] *Vgl. Mager*, in: v. Münch/Kunig (Hrsg.), Art. 140, Rn. 23 m.w.N.

[41] Vgl. *Unruh*, in: Huber/Voßkuhle (Hrsg.), Art. 137 WRV, Rn. 7.

[42] Für die strikte Trennungsthese etwa *Renck*, BayVBl. 1999, S. 70 (73 f.).

[43] Vgl. *Unruh*: Religionsverfassungsrecht, Rn. 144 ff., m.w.N.

Staat und Religionsgemeinschaften. Daraus folgt zunächst das Verbot der Einführung staatskirchlicher Strukturen.[44] Eine Eingliederung der Kirche(n) und anderen Religionsgemeinschaften in die Staatsorganisation sowie ihre umfassende Unterwerfung unter die Staatsaufsicht scheiden demnach ebenso aus, wie die staatliche Einflussnahme auf die zu vermittelnden religiösen Inhalte und Aktivitäten der Religionsgemeinschaften. Auch diese institutionelle bzw. organisatorische Trennung schließt aber eine auch umfangreiche Kooperation beider Sphären nicht aus. Sie schafft vielmehr die Voraussetzungen dafür, diese Kooperation in klaren Strukturen zu gestalten. Als Handlungsform bietet sich daher das vielfach genutzte Instrument der religionsverfassungsrechtlichen Verträge zwischen dem Staat und den Religionsgemeinschaften an.[45]

3. Das Selbstbestimmungsrecht der Religionsgemeinschaften

Die zweite tragende Säule des aktuellen Verhältnisses von Kirche(n) und Staat wird in und mit Art. 137 Abs. 3 WRV errichtet: „*Jede Religionsgesellschaft ordnet und verwaltet ihre Angelegenheiten selbständig innerhalb der Schranken des für alle geltenden Gesetzes. Sie verleiht ihre Ämter ohne Mitwirkung des Staates oder der bürgerlichen Gemeinde.*" Dieses Selbstbestimmungsrecht gilt für *alle* Religionsgemeinschaften, u.zw. unabhängig von ihrem Rechtsstatus. Art. 140 GG i. V. m. Art. 137 Abs. 3 WRV gilt also für öffentlich-rechtliche Körperschaften, für privatrechtliche Vereine und für Ge-

---

[44] Vgl. BVerfGE 19, 206 (216); 93, 1 (17); 108, 282 (299).

[45] Siehe dazu u. a. *Unruh*: Religionsverfassungsrecht, Rn. 328 ff. m. w. N.

meinschaften ohne eigene Rechtspersönlichkeit, solange sie die begrifflichen Voraussetzungen für das Vorliegen einer Religionsgemeinschaft erfüllen.[46]

a) Ordnen und Verwalten der eigenen Angelegenheiten

Sachlich geschützt sind das Ordnen und Verwalten der eigenen Angelegenheiten der Religionsgemeinschaften – und damit der gesamte Bereich ihrer Aufgaben und Tätigkeitsbereiche.

Das selbstständige *Ordnen* betrifft die eigenständige Rechtsetzung und damit die originäre Normsetzungskompetenz der Kirche(n) und anderen Religionsgemeinschaften in eigenen Angelegenheiten.[47] Das Inkrafttreten derartiger kirchlicher bzw. religionsgemeinschaftlicher Rechtsvorschriften kann daher nicht einseitig vom Staat an Vorlagepflichten oder Genehmigungsvorbehalte gebunden werden. Vertraglich vereinbarte Mitteilungs- und Vorlagepflichten sind damit aber nicht ausgeschlossen; sie finden sich in zahlreichen religionsverfassungsrechtlichen Verträgen.[48] Sofern hingegen den Religionsgemeinschaften – etwa aufgrund des Status als Körperschaft des öffentlichen Rechts (Art. 140 GG i. V. m. Art. 137 Abs. 5 WRV) – die Normsetzung auch jenseits ihrer eigenen Angelegenheiten gestattet ist, handelt es sich um eine autonome, d. h. vom Staat verliehene Normsetzungskompetenz. Dies

---

[46] BVerfGE 99, 100 (120); *v. Campenhausen/de Wall*, § 15, Rn. 1. Zum Begriff der Religionsgemeinschaft siehe vor allem *Heinig*, ZevKR 64 (2019), S. 1 ff., und u. a. *Unruh*: Religionsverfassungsrecht, Rn. 153 m. w. N.

[47] So schon *Anschütz*, S. 635; aus jüngerer Zeit siehe *Jeand'Heur/Korioth*, Rn. 180.

[48] Statt vieler Art. 12, 13 des Staatskirchenvertrages von Schleswig-Holstein von 1957.

gilt etwa im kirchlichen Bereich für die vermögensrechtliche Dimension der öffentlich-rechtlichen Dienstverhältnisse.[49]

Mit selbstständigem *Verwalten* der eigenen Angelegenheiten ist die „freie Betätigung kirchlicher Organe zur Verwirklichung der jeweiligen Aufgaben" gemeint.[50] Dazu gehört zunächst die Verwaltung im engeren Sinne, d. h. die Umsetzung des eigenen Rechts und der darauf beruhenden Beschlüsse auf der Grundlage eines eigenen Verfahrensrechts. Dazu zählen ferner Bestimmungen über die interne Organisation, insbesondere über die Leitung der Religionsgemeinschaften sowie die Errichtung einer eigenständigen Gerichtsbarkeit in eigenen Angelegenheiten. Die in Art. 140 GG i. V. m. Art. 137 Abs. 3 S. 2 WRV gewährleistete freie Ämterbesetzung ist bereits Teil des Selbstverwaltungsrechts der Religionsgemeinschaften und wird nur aus historischen Gründen gesondert aufgeführt, weil dieser Aspekt der Freiheitsgarantie faktisch stets in besonderem Maße bedroht war.[51]

Für die Bestimmung des Zentralbegriffs der *eigenen Angelegenheiten* ist grundsätzlich das Selbstverständnis der Religionsgemeinschaften maßgeblich.[52] Die bloße Behauptung einer Religionsgemeinschaft, eine Angelegenheit sei ihre eigene und keine staatliche, genügt hingegen nicht. Vielmehr obliegt es den staatlichen Rechtsanwendungsinstanzen, diese Behauptung (zumindest) auf ihre Plausibilität zu überprüfen.[53] Zu den eigenen Angelegenheiten der Religionsgemein-

---

[49] Vgl. *v. Campenhausen/de Wall*, § 15, Rn. 21.

[50] *v. Campenhausen/de Wall:*, § 15, Rn. 19.

[51] *Vgl. Unruh, in: Huber/Voßkuhle (Anm. 53), Art. 137 WRV, Rn. 26, und Korioth*: Das Selbstbestimmungsrecht der Religionsgemeinschaften, Rn. 4.

[52] Zu den Entwicklungsstadien der Auslegung dieses Begriffes *siehe u. a. Unruh*: Religionsverfassungsrecht, Rn. 157 ff. *m. w. N.*

[53] Dazu statt vieler *Classen*: Religionsrecht, Rn. 261 m. w. N.

schaften gehören unumstritten die Bereiche von Lehre und Kultus sowie von Verfassung und Organisation, die Ausbildung der Geistlichen, das Mitgliedschaftsrecht inklusive der Rechte und Pflichten der Mitglieder, das mittlerweile hoch umstrittene kirchliche Arbeitsrecht und die karitativ-diakonischen Tätigkeiten.[54] Umstritten ist die Zuordnung des kirchlichen Friedhofswesens zu den eigenen Angelegenheiten; zu Recht abgelehnt wird sie für das Kirchenasyl.[55]

b) [...] innerhalb der Schranken des für alle geltenden Gesetzes

Das Selbstbestimmungsrecht der Religionsgemeinschaften wird „innerhalb der Schranken des für alle geltenden Gesetzes" gewährleistet. Der Schrankenvorbehalt bezieht sich ausdrücklich auf die für alle – und damit auch für *alle* Religionsgemeinschaften – geltenden Gesetze. Daraus folgt zunächst, dass die Beschränkung des Selbstbestimmungsrechts über formelle Bundes- oder Landesgesetze erfolgen muss.[56] Darüber hinaus besteht seit der Entstehung des Art. 137 Abs. 3 WRV bis heute keine Einigkeit über die Auslegung des Schrankenvorbehalts.[57]

---

[54] Zu dieser Ausdifferenzierung siehe ausführlich(er) *Unruh*, in: Huber/Voßkuhle (Anm. 53), Art. 137 WRV, Rn. 29 ff. m. w. N., und *ders.*: Religionsverfassungsrecht, Rn. 177 ff. Speziell zu der unionsrechtlich indizierten bzw. durch den EuGH beförderten Gefährdung des kirchlichen Arbeitsrechts siehe *Unruh*, ZevKR 64 (2019), S. 188 ff.

[55] Für die Einbeziehung des Friedhofswesens u. a. *Jeand'Heur/Korioth*, Rn. 340; dagegen das Bundesverwaltungsgericht in BVerwGE 105, 117 ff. Zum Kirchenasyl siehe u. a. *Unruh*: Religionsverfassungsrecht, Rn. 168.

[56] Ebenso u. a. *Korioth*: Das Selbstbestimmungsrecht der Religionsgemeinschaften, Rn. 33.

[57] Zur Entwicklung der aktuellen Dogmatik siehe auch *Stern*: Staatsrecht, Bd. IV/2, S. 1254 ff.

Die Auslegung dieses Schrankenvorbehalts weist eine wechselhafte Geschichte auf.[58] Vorzugswürdig und inzwischen von der Rechtsprechung des BVerfGs aufgenommen ist die sog. Wechselwirkungs- bzw. Abwägungslehre.[59] Danach kann die Bestimmung der Schranken des Selbstbestimmungsrechts nicht anhand einer einheitlichen Formel erfolgen, sondern hat sich im Einzelfall an einer Abwägung mit den kollidierenden Rechtsgütern zu orientieren. Erforderlich ist demnach eine Abwägung des Selbstbestimmungsrechts der Religionsgemeinschaften mit den Rechtsgütern, die mit dem einschränkenden Gesetz geschützt werden sollen. Beide Rechtspositionen sind zwar in möglichst hohem Maße zu verwirklichen. Sie sind einander aber i. S. einer Wechselwirkung verhältnismäßig zuzuordnen, d. h. das einschränkende Gesetz muss stets im Lichte der Bedeutung des Art. 140 GG i. V. m. Art. 137 Abs. 3 WRV betrachtet werden, wie umgekehrt die Bedeutung des kollidierenden Rechtsguts im Verhältnis zum Selbstbestimmungsrecht gewichtet werden muss.[60] Es ist also in jedem Einzelfall durch Abwägung der kollidierenden Rechtsgüter zu prüfen, ob das jeweilige Gesetz als „für alle geltendes Gesetz" Einschränkungen des Selbstbestimmungsrechts der Religionsgemeinschaften verfassungsrechtlich zu rechtfertigen vermag. Als kollidierende Rechtsgüter kommen nicht nur kollidierende Verfassungsrechtsgüter, sondern alle Rechtsgüter des Gemeinwohls unabhängig von

---

[58] Siehe dazu u. a. *Unruh*: Religionsverfassungsrecht, Rn. 171 ff. m. w. N.

[59] Vgl. *Korioth*, in: Dürig/Herzog/Scholz (Hrsg.), Art. 140 GG/137 WRV, Rn. 63, und *Muckel*, in: Friauf/Höfling, Art. 140/137 WRV, Rn. 51. Aus der Rechtsprechung siehe BVerfGE 53, 366 (400).

[60] Zu Begriff und Operationalisierung der Abwägung siehe grundlegend *Alexy*, S. 143 ff.

ihrem Regelungsort in Betracht.[61] Sie können also auch dem Straf-, dem Kündigungsschutz-, dem Immissionsschutz oder dem Denkmalschutzrecht entnommen werden.[62]

4. Status der Säulen und Verstrebungen

Zur Statusbestimmung dieser Säulen und der Verstrebungen innerhalb des religionsverfassungsrechtlichen Systems ist Rückgriff auf die beiden normativen Dimensionen des Fundaments zu nehmen. Art. 4 Abs. 1 und 2 GG fixiert erstens ein an den Staat gerichtetes Abwehrrecht gegen unverhältnismäßige Beeinträchtigungen der Religionsfreiheit. In der allgemeinen Grundrechtsdogmatik bildet – zweitens – die Schutzpflichtendimension der Grundrechte eine notwendige Ergänzung zu ihrer Abwehrfunktion. Sie fokussiert die Bedingungen der Möglichkeit der Grundrechtsausübung.[63] Im Bereich der Grundrechte existieren daher nur zwei Verpflichtungsmodi: (negative) Eingriffsabwehr und (positiver) Schutz. Für die Religionsfreiheit folgt daraus, dass der Staat nicht nur unverhältnismäßige Beeinträchtigungen der Religionsfreiheit abzuwehren, sondern sich auch schützend und fördernd vor sie zu stellen hat.

An dieser zweiten Grundrechtsdimension der Religionsfreiheit kann die Statusbestimmung der weiteren Elemente des Religionsverfassungsrechts anknüpfen. Diese Elemente, vom religiösen Gleichbehandlungsgebot über die Anstaltsseelsorge bis zum Sonntagsschutz können nämlich als spezifi-

---

[61] Für eine Begrenzung auf das Verfassungsrecht als Quelle relevanter Rechtsgüter u. a. *Grzeszick*: AöR 129 (2004), S. 168 (210) ff.); dagegen u. a. *Classen*: Religionsrecht, Rn.260.

[62] Vgl. *Unruh*: Religionsverfassungsrecht, Rn. 174 m. w. N.

[63] Siehe dazu u. a. *Unruh*: Zur Dogmatik der grundrechtlichen Schutzpflichten, passim.

sche und kontingente Ausprägungen und Ausformungen dieser Schutzpflichtendimension beschrieben werden.[64] Sie sichern die Bedingungen der Möglichkeit der Ausübung von Religion – mit Besonderheiten etwa bei den jeweils einschlägigen Schranken (vgl. Art. 137 Abs. 3 WRV). Dies gilt naturgemäß auch für den Religionsunterricht gem. Art. 7 Abs. 2 und 3 GG.[65]

Diese Elemente sind insoweit kontingent, als sie z.T. keine notwendigen, sondern kulturspezifische Folgerungen aus der Schutzpflichtendimension des Art. 4 Abs. 1 und 2 GG darstellen. So kann etwa nicht jedem Staat, der die Garantie und das Grundrecht des Religionsunterrichts nicht kennt, ein hinreichender Schutz der Religionsfreiheit abgesprochen werden.

III. Exkurs: Art. 7 Abs. 2 und 3 GG als „verfassungswidriges Verfassungsrecht"?

Der Religionsunterricht ist das einzige qua Verfassung vorgegebene Schulfach. Diese religionsverfassungsrechtliche Absicherung wird gelegentlich als systemfremde Ausnahme vom Gebot der religiös-weltanschaulichen Neutralität des Staates und vom Trennungsgebot oder sogar als verfassungswidriges Verfassungsrecht bezeichnet.[66]

---

[64] Für den Sonntagsschutz aus Art. 140 GG i. V. m. Art. 139 WRV bestätigt durch BVerfGE 125, 39 (77).

[65] Zur dogmatischen Verbindung von Religionsfreiheit und Religionsunterricht siehe auch *Willems*, S. 280 (281 ff.).

[66] Vgl. *Fischer*, S. 119; *Renck*, S. 544 (544 ff.); moderat *Oebbecke*, DVBl. 1996, S. 336 (341 f.). Zu dieser Diskussion auch *Ogorek*, Rn. 31 f. Zum Gebot der religiös-weltanschaulichen Neutralität des Staates und zum Gebot der (freundlichen) Trennung von Staat und Religion bzw. Re-

Zu den außer- und vorjuristischen Begründungslinien für die Sinnhaftigkeit des Religionsunterrichts gehört die Erkenntnis der Religion als kultur- und persönlichkeitsprägender Bildungsmacht, deren Vermittlung in authentisch-religiöser Perspektive dem Staat aufgeben ist.[67] Diese Motivation hat auch den Parlamentarischen Rat bei der Implementierung des Religionsunterrichts in Art. 7 Abs. 2 und 3 GG geleitet.[68] Insofern ist die Verdrängung der (authentisch vermittelten) Religion aus der Schule schon vor dem Hintergrund des staatlichen Bildungsauftrags aus Art. 7 Abs. 1 GG „kein gangbarer Weg."[69]

Aus verfassungsrechtlicher Perspektive kann Art. 7 Abs. 2 und GG jedenfalls als „verfassungsgültige Abweichung vom allgemeinen Gebot formaler Trennung gem. Art. 140 GG/ Art. 137 I WRV" gelten.[70] Im Übrigen ist die Figur des verfassungswidrigen Verfassungsrechts, d.h. Normen der Verfassung, die wegen Verstoßes gegen die Grundentscheidungen der Verfassung, die in der Ewigkeitsklausel zum Ausdruck kommen (vgl. Art. 79 Abs. 3 GG), verfassungswidrig sind, problematisch.[71] Von Bedeutung war dieses Problem etwa im Hinblick auf Entscheidungen des BVerfGs zu den Enteignungen in der sowjetisch besetzten Zone zwischen 1945–1949 wegen ihrer Festschreibung durch Art. 143 Abs. 3 GG[72], zum im

---

ligionsgemeinschaften siehe u.a. *Unruh*: Religionsverfassungsrecht, Rn. 90 (Neutralität) und Rn. 138 ff. (Trennungsgebot).

67 Vgl. *Heimann*, Sp. 2032 („II. Legitimation"), und *Willems*, S. 280 (281 ff.). Ausführlich zu diesen Begründungslinien jenseits des Religionsverfassungsrechts siehe *von Scheliha/Wißmann*, S. 35 ff. m. w. N.

68 *Kästner*: Religionsunterricht, S. 222 (223).

69 *Ennuschat*, S. 1751 (1796).

70 *Czermak*: Die religiös-weltanschauliche Neutralität, S. 116.

71 Siehe dazu *Hain*, S. 74 ff. m.wN., und insbesondere in Auseinandersetzung mit *Bachof*, S. 40.

72 BVerfGE 84, 90, 121.

Rahmen der Asylrechtsreform eingeführten Art. 16a GG[73] und zum Art. 13 Abs. 3 GG (Lauschangriff)[74]. Unabhängig von der Validität dieser Rechtsfigur ist ein Verstoß gegen die Prinzipien des Art. 79 Abs. 3 GG durch die Regelung des Art. 7 Abs. 2 und 3 GG nicht erkennbar.

Das zentrale Argument gegen die These von der System- bzw. Verfassungswidrigkeit des Religionsunterrichtes ergibt sich aber aus der Rekonstruktion des grundgesetzlichen Religionsverfassungsrechts.[75] Insofern können hier die vorstehenden Erkenntnisse zum System des grundgesetzlichen Religionsverfassungsrechts einerseits vertieft und andererseits in ihrer dogmatischen Relevanz verdeutlicht werden. Wie gezeigt, sind die beiden Zentralnormen dieses Systems Art. 4 GG und Art. 140 GG mit der Inkorporation der Art. 136–139, 141 WRV. Daneben finden sich Regelungen zu Einzelbereichen, etwa zu Diskriminierungsverboten in Art. 3 und Art. 33 GG oder auch zum Religionsunterricht in Art. 7 GG. Die Grundstruktur dieses religionsverfassungsrechtlichen Gebäudes besteht aus einem dogmatischen Fundament, aus zwei tragenden Säulen und stabilisierenden Verstrebungen.[76]

Das Fundament bildet das Grundrecht auf Religionsfreiheit aus Art. 4 Abs. 1 und 2 GG. Unter dem Grundgesetz nimmt das Grundrecht der Religionsfreiheit aus systematischen und inhaltlichen Gründen eine besondere Stellung ein. So steht es unmittelbar an der Spitze des Katalogs der speziellen Grundrechte. Formal ist es – jedenfalls nach der Auffassung des BVerfGs (und des überwiegenden Teils der Litera-

---

[73] BVerfGE 94, 40, und 94, 166.

[74] BVerfGE 109, 279.

[75] Zur Validität weitere Argumente siehe *Unruh*: Religionsverfassungsrecht, Rn. 414.

[76] Vgl. zuvor schon *Unruh*: Kirche(n) und Staat im demokratischen Verfassungsstaat, S. 603 (608 ff.).

tur – vorbehaltlos (wenn auch nicht schrankenlos) gewährleistet. In der Sache betrifft es nicht nur die äußere Integrität und Handlungsfähigkeit, sondern den inneren, seelischen und Identität bildenden Bereich des Menschen. Insofern kann die Religionsfreiheit als besonders bedeutsame Ausformung bzw. Konkretisierung der Menschenwürdegarantie aus Art. 1 Abs. 1 GG gelten.

Der Status des Grundrechts auf Religionsfreiheit in der Dogmatik zum grundgesetzlichen Religionsverfassungsrecht erhellt insbesondere aus der Verhältnisbestimmung zu den über Art. 140 GG inkorporierten sog. Weimarer Kirchenartikeln (Art. 136–139, 141 WRV), die als vollgültiges Verfassungsrecht zu betrachten sind.[77] Zu dieser Verhältnisbestimmung werden die drei bereits erwähnten Auffassungen bzw. Thesen vertreten.

Der Religionsunterricht i. S. d. Art. 7 Abs. 2 und 3 GG ist als eine Verstrebung in diesem religionsverfassungsrechtlichen Gebäude bzw. als bereichsspezifische Konkretisierung der Schutzpflichtendimension des Art. 4 Abs. 1 und 2 GG aufzufassen.[78] Der Staat hat über Art. 7 Abs. 1 GG das Schulwesen und damit die Bildung und Ausbildung seiner (jungen) Bürgerinnen und Bürger nebst allgemeiner Schulpflicht weitgehend an sich gezogen. Aber auch in den staatlichen Schulen entstehen über Art. 4 Abs. 1 und 2 GG „Ansprüche auf staatliche Förderung zur Verwirklichung der Grundrechte", hier des Grundrechts auf Religionsfreiheit unter dem Teilaspekt der Bildung und Stärkung des eigenen Glaubens.[79]

---

[77] BVerfGE 111, 10 (50).

[78] Vgl. *Unruh*: Religionsverfassungsrecht, Rn. 414 ff. m. w. N.

[79] In der Tendenz ebenso *M. Heckel*: Religionskunde im Lichte der Religionsfreiheit, S. 485 (488 ff.); *H. Maurer*: Die verfassungsrechtliche Grundlage des Religionsunterrichts, S. 234 (239); *Robbers*, in: in: Huber/

IV. Zwischenfazit zum Systemgedanken

Als Zwischenfazit kann folgende Erkenntnis formuliert werden: Das Religionsverfassungsrecht des Grundgesetzes kann als ein konsistentes und kohärentes System mit dem Grundrecht auf Religionsfreiheit als normativem Fundament begriffen und beschrieben werden. Es ist ein integratives System, das seine weiteren Elemente, zu denen auch der Religionsunterricht i. S. d. Art. 7 Abs. 2 und 3 GG zählt, in eine einheitliche Dogmatik zum Verhältnis von Staat und Religion unter dem Grundgesetz einfügt und ihnen dort eine gewichtige, gleichwohl dienende Rolle zuweist.

Diese Sichtweise ist zudem kompatibel mit der jüngeren Rechtsprechung des BVerfGs. In seiner grundlegenden Ersten Zeugen-Jehovas-Entscheidung aus dem Jahr 2000 hatte das Gericht darüber zu urteilen, ob dieser Religionsgemeinschaft der Status einer Körperschaft des öffentlichen Rechts gem. Art. 140 GG i. V. m. Art. 137 Abs. 5 WRV verliehen werden müsse. Zur Bedeutung der Option dieses Status führte es aus:

> „Im Kontext des Grundgesetzes ist der den Religionsgemeinschaften in Art. 137 Abs. 5 S. 2 WRV angebotene Status einer Körperschaft des öffentlichen Rechts ein Mittel der Entfaltung der Religionsfreiheit. […] Der Status einer Körperschaft des öffentlichen Rechts soll die Eigenständigkeit und Unabhängigkeit der Religionsgemeinschaften unterstützen."[80]

Der hier ausgesprochene Grundgedanke, dass der Körperschaftsstatus als „Mittel zur Entfaltung der Religionsfreiheit" zu begreifen ist, lässt sich zum einen unschwer mit dem grundrechtszentrierten Systemgedanken für das Religions-

---

Voßkuhle (Hrsg.), Art. 7 Rn. 118; *Gröschner*, in: H. Dreier (Hrsg.), Art. 7 Rn. 92, 94, und *Willems*, S. 280 (281 ff.).

[80] BVerfGE 102, 370 (387).

verfassungsrecht kurzschließen. Zum andern kann er ebenso leicht vom Kontext des Status einer Körperschaft des öffentlichen Rechts auf das gesamte Religionsverfassungsrecht übertragen werden. Denn sämtliche Säulen und Verstrebungen des religionsverfassungsrechtlichen Systems lassen sich als „Mittel zur Entfaltung der Religionsfreiheit", also als Ausprägung der Schutzpflichtendimension dieses Grundrechts beschreiben.

Im Ergebnis bleibt festzuhalten, dass es – ausgehend vom Systemgedanken und der Schutzpflichtendimension des Grundrechts aus Art. 4 Abs. 1 und 2 GG – gute Gründe gibt, von einer normativ-funktionalen Verbindung zwischen der Religionsfreiheit und dem Religionsunterricht auszugehen.[81]

V. Dogmatische Verbindungslinien

Auf der Grundlage dieses Zwischenfazits zum Systemgedanken ist nun zu fragen, ob es neben dem funktionalen Konnex auch dogmatische Verbindungslinien zwischen der Religionsfreiheit und dem Religionsunterricht gibt, die für die Auslegung des Art. 7 Abs. 2 und 3 GG relevant sind und für die Fortentwicklung des Rechts auf religiöse Bildung in der Schule fruchtbar gemacht werden können. Der Fokus liegt hier zunächst auf zwei dogmatischen Elementen des Grundrechts der Religionsfreiheit.

---

[81] In diese Richtung weisen auch die Überlegungen bei *von Scheliha/Wißmann*, S. 13: Für den Religionsunterricht i. S. d. Art. 7 Abs. 2 und 3 GG gelten (auch) „die allgemeinen Bestimmungen des Religionsverfassungsrechts, die sich als umfassende Gewährleistung der Religionsfreiheit und als System religionsfreundlicher Neutralität bestimmen lassen."

1. Der Begriff der Religion

Von Interesse ist zunächst die religionsverfassungsrechtliche Perspektive auf das Schutzgut der Religionsfreiheit, also auf die Frage: was ist eigentlich im (Verfassungs-) Rechtssinn „Religion"?

Bevor allerdings eine inhaltliche Definition des Verfassungsbegriff der Religion erfolgen kann, ist zu klären, wem die Definitionskompetenz zukommt.[82] Diesbezüglich besteht in der religionsverfassungsrechtlichen Rechtsprechung und Literatur eine weit gehende Einigkeit, dass diese Kompetenz sachlich differenziert auf zwei Schultern verteilt ist. Bei näherer Betrachtung handelt es sich um eine abgestufte Definitionskompetenz. Danach ist primär auf das Selbstverständnis der Grundrechtsträger abzustellen.[83] In diesem Sinn hat das BVerfG schon in seiner frühen (Lumpensammler-) Entscheidung aus dem Jahr 1968 festgestellt:

> „Bei der Würdigung dessen, was im Einzelfall als Ausübung von Religion und Weltanschauung zu betrachten ist, darf das Selbstverständnis der Religions- und Weltanschauungsgemeinschaften nicht außer Betracht bleiben. Zwar hat der religiös-neutrale Staat grundsätzlich verfassungsrechtliche Begriffe nach neutralen, allgemeingültigen, nicht konfessionell oder weltanschaulich gebundenen Gesichtspunkten zu interpretieren [...]. Wo aber in einer pluralistischen Gesellschaft die Rechtsordnung gerade das religiöse oder weltanschauliche Selbstverständnis wie bei der Kultusfreiheit voraussetzt, würde der Staat die den Kirchen, den Religions- und Weltanschauungsgemeinschaften nach dem Grundgesetz gewährte Eigenständigkeit und ihre Selbstständigkeit in ihrem eigenen Bereich verletzen, wenn er bei der Auslegung

---

[82] Dazu u. a. *Unruh*: Religionsverfassungsrecht, Rn. 92 ff. m. w. N.

[83] Aus der Literatur siehe u. a. *Morlok*: Selbstverständnis als Rechtskriterium, S. 78 ff.; *Isak*, S. 259 ff.; *Huster*, S. 382 ff.; *Borowski*, S. 251 ff. m. w. N.

> der sich aus einem bestimmten Bekenntnis oder einer Weltanschauung ergebenden Religionsausübung deren Selbstverständnis nicht berücksichtigen würde."[84]

Ein ausschließliches Abstellen auf das jeweilige Selbstverständnis der Religionsgemeinschaften hätte indes zur Folge, dass schon die bloße Behauptung, ein bestimmtes Verhalten sei religiös ge- bzw. verboten, den sachlichen Schutzbereich der Religionsfreiheit eröffnete. Den staatlichen Instanzen wäre die Kompetenz zur Begriffsbestimmung der Religion vollständig entwunden; die sachliche Reichweite des Grundrechts der Religionsfreiheit stünde im Belieben der Grundrechtsträger selbst.

Das BVerfG hat diese Gefahr selbst erkannt und mit einem Korrektiv aus seiner Bahá'ì-Entscheidung aus dem Jahr 1991 gebannt. Danach genügt allein die Berufung auf das Selbstverständnis nicht, um den Schutzbereich der Religionsfreiheit des Art. 4 Abs. 1 und 2 GG zu eröffnen;

> „[...] vielmehr muss es sich auch tatsächlich, nach geistigem Gehalt und äußerem Erscheinungsbild, um eine Religion und eine Religionsgemeinschaft handeln. Dies im Streitfall zu prüfen und zu entscheiden, obliegt – als Anwendung einer Regelung der staatlichen Rechtsordnung – den staatlichen Organen, letztlich den Gerichten, die dabei freilich keine freie Bestimmungsmacht ausüben, sondern den von der Verfassung gemeinten oder vorausgesetzten, dem Sinn und Zweck der grundrechtlichen Verbürgung entsprechenden Begriff der Religion zugrunde zu legen haben."[85]

Maßgeblich ist das Kriterium der Plausibilität. Damit wird den staatlichen Rechtsanwendungsinstanzen (wieder) die Kompetenz zugewiesen, letztverbindlich – wenn auch unter

[84] BVerfGE 24, 236 (247 f.); ähnlich BVerfGE 12, 1 (3); 18, 285 (386); 33, 23 (28 f.); 46, 73 (85); 53, 366 (401).

[85] BVerfGE 83, 341 (353).

Berücksichtigung (!) des Selbstverständnisses der Grundrechtsträger und nach Maßgabe der Plausibilität – darüber zu entscheiden, ob ein Verhalten unter den Begriff der Religion zu subsumieren ist.

Vor diesem Hintergrund haben sich aus religionsverfassungsrechtlicher Perspektive vier Begriffsmerkmale für den Verfassungsbegriff der Religion herausgebildet, die zugleich das Plausibilitätskriterium für die Bewertung des jeweiligen Selbstverständnisses formen.[86] In *objektiver* Hinsicht lässt sich eine Religion i. S. d. Art. 4 Abs. 1 und 2 GG bestimmen als System von Aussagen mit sinnstiftendem, ganzheitlichem, d. h. umfassendem und metaphysischem, d. h. auf Transzendenz bezogenem Charakter.[87] Sinnstiftung liegt vor, wenn es sich um ein System von Aussagen zur Deutung der Welt bzw. zu Herkunft, Ziel und Sinn des menschlichen Lebens handelt. Im Sinne der Ganzheitlichkeit bildet dieses System nur dann eine Religion, wenn es in seinem Geltungsanspruch umfassend ist bzw. einen kompletten Lebensentwurf bereithält. Schließlich ist ein metaphysischer bzw. transzendenter Bezug jedenfalls dann gegeben, wenn das betreffende System von Aussagen auf die Existenz (eines) Gottes rekurriert. Das vierte, *subjektive* Element der Begriffsbestimmung besagt, dass eine Religion nur dann vorliegt, wenn dieses System von Aussagen von den Grundrechtsträgern als verbindlich anerkannt wird. In diesem Zusammenhang gewinnt das Kriterium des zu plausibilisierenden Selbstverständnisses Bedeutung, denn dem betroffenen Grundrechtsträger obliegt hinsichtlich dieses subjektiven Merkmals eine Darlegungs- und Plausibilisierungspflicht.[88] Nach Maßgabe dieser „plausiblen" Be-

---

[86] Siehe dazu u. a. *Unruh*: Religionsverfassungsrecht, Rn. 95 f.

[87] Vgl. *Borowski*, S. 392 ff. m. w. N.

[88] *Morlok*, in: H. Dreier (Hrsg.), Art. 4 Rn. 60, 92; ebenso *Heinig*: Religions- und Weltanschauungsfreiheit, Rn. 50.

griffsmerkmale liegt etwa die Verehrung des „Fliegenden Spaghettimonsters" jenseits des Verfassungsbegriffs der Religion; und die Behauptung der Scientology-Bewegung, sie sei eine Kirche, kann zumindest robust hinterfragt werden.[89]

2. Die religiös-weltanschauliche Neutralität des Staates

Das zweite Element aus der Dogmatik des Art. 4 Abs. 1 und 2 GG, mit dem eine Verbindungslinie zwischen der Religionsfreiheit und dem Religionsunterricht gezogen werden könnte, liegt in dem bereits mehrfach erwähnten Gebot der religiös-weltanschaulichen Neutralität des Staates.[90] Es handelt sich um ein verfassungs*rechtliches*, und nicht um ein *vor*verfassungsrechtliches Gebot, d. h. nicht um eine „Meta- oder Übernorm, die sogar der Verfassung vorgelagert wäre".[91] Dieses Gebot ist sachlich begründet in der Inkompetenz des säkularen Staates, die Angemessenheit oder gar Richtigkeit einer religiösen Überzeugung mit den ihm zur Verfügung stehenden Maßstäben zu beurteilen. Es ist im Grundrecht der Religionsfreiheit verortet, findet aber weitere religionsverfas-

---

[89] Ebenso u. a. *Classen*: Religionsrecht, Rn. 100 m. w. N. auch zur a. A.

[90] Vgl. BVerfGE 138, 296 (338 ff.). Grundlegend *Huster*, passim; *Bornemann*, passim; *Busse*, passim; und *Engi*, passim, der ebd., S. 8 ff., 13 ff., die Begriffe der „ethischen" und „weltanschaulichen" Neutralität definiert und gegeneinander abgrenzt. Siehe auch *H. Dreier*: Die religiös-weltanschauliche Neutralität des Staates, S. 95 ff., und *Unruh*, in: *Huber/ Voßkuhle, Art. 140, Rn. 19 ff.* Für die Verabschiedung des Neutralitätsgebotes aus dem Religionsverfassungsrecht aus demokratietheoretischen Erwägungen *Möllers*, VVDStRL 68 (2009), S. 47 (56 ff.); dagegen zutreffend *Heinig*, JZ 2009, S. 1136 (1139 f.). Gegen die Be- und Abwertung der staatlichen Neutralität als „Mythos" überzeugend *Morlok*, in: H. Dreier (Hrsg.), Art. 4 Rn. 162.

[91] *Waldhoff*: Was bedeutet religiös-weltanschauliche Neutralität des Staates?, S. 17 (18).

sungsrechtliche Stützen u.a. im Verbot der Staatskirche aus Art. 140 GG i.V.m. Art. 137 Abs. 1 WRV. Materiell umfasst es ein Beeinflussungs-, ein Identifikations- und ein Bewertungsverbot. Danach ist es – mit den Worten des BVerfGs – dem Staat verwehrt,

> „gezielte Beeinflussung im Dienste einer bestimmten politischen, ideologischen oder weltanschaulichen Richtung (zu) betreiben oder sich durch von ihm ausgehende oder ihm zuzurechnende Maßnahmen ausdrücklich oder konkludent mit einem bestimmten Glauben oder einer bestimmten Weltanschauung zu identifizieren und dadurch den religiösen Frieden in einer Gesellschaft von sich aus zu gefährden […]. Auch verwehrt es der Grundsatz religiös-weltanschaulicher Neutralität dem Staat, Glauben und Lehre einer Religionsgemeinschaft als solche zu bewerten."[92]

Insgesamt mündet die Inkompetenz des Staates in Religionsdingen in ein religionsverfassungsrechtliches Abstinenzgebot. Die religiöse Überzeugung darf insgesamt bei staatlichen (Rechts-) Entscheidungen oder für die staatliche Ämterordnung kein Entscheidungskriterium sein. Der Staat muss allen Bürgern ungeachtet ihrer jeweiligen religiösen Überzeugung eine „Heimstatt" bieten.[93]

Im Übrigen ist ethische und religiöse Neutralität nicht gleichbedeutend mit einem vermeintlichen Gebot kritischer Distanz gegenüber der Religion. Aus der Sicht des BVerfGs ist das Grundgesetz vielmehr geprägt von

> „Offenheit gegenüber dem Pluralismus weltanschaulich-religiöser Anschauungen angesichts eines Menschenbildes, das von der Würde des Menschen und der freien Entfaltung der Persönlichkeit in Selbstbestimmung und Eigenverantwortung bestimmt ist.

---

[92] BVerfGE 108, 282 (300), std. Rspr.; zustimmend u.a. *Jeand'Heur/ Korioth*, Rn. 166ff.

[93] BVerfGE 19, 206 (216); zustimmend etwa *Morlok*, in: H. Dreier (Hrsg.), Art. 4 Rn. 45.

> In dieser Offenheit bewährt der freiheitliche Staat des Grundgesetzes seine religiöse und weltanschauliche Neutralität."[94]

Das Gebot einer offenen Neutralität schließt die staatliche – auch finanzielle – Förderung von Religion und Religionsgemeinschaften nicht grundsätzlich aus.

[94] BVerfGE 41, 29 (50). Dazu auch *Waldhoff*: Was bedeutet religiös-weltanschauliche Neutralität des Staates?, S. 17 (20). Zur Differenzierung zwischen einer distanzierenden „Neutralität" – etwa in Gestalt des französischen Laizismus vom Beginn des 20. Jahrhunderts – und der das GG prägenden „wohlwollenden Neutralität" siehe u. a. *Stern*: Staatsrecht, Bd. IV/2, S. 1221 ff.

D. Auswirkungen auf die Dogmatik zu Art. 7 Abs. 2 und 3 GG

I. Die Übereinstimmungsklausel im Fokus

Welchen Ertrag bringen die ausgezogenen funktionalen und dogmatischen Verbindungslinien zwischen der Religionsfreiheit und dem Religionsunterricht für die Dogmatik zu Art. 7 Abs. 2 und 3 GG und damit für die Fortentwicklung des Rechts auf religiöse Bildung in der Schule?

Eine erste Erkenntnis liegt im Gebot einer Abkehr von der linear-kontinuierlichen Interpretation dieser Vorschrift unter Rückgriff auf die Dogmatik zur Vorgängernorm aus der Weimarer Reichsverfassung. Im Hinblick auf das Religionsverfassungsrecht hat nicht nur 1919, sondern auch 1949 ein tiefgreifender Umbruch stattgefunden. So blieben unter der WRV der normative Verbindlichkeitsgrad der Grundrechte im Allgemeinen und die Auslegung der Kompromisse zum Religionsverfassungsrecht im Besonderen unklar. Das Grundgesetz hingegen hat die normativ-verbindliche Geltung der Grundrechte für die Ausübung aller Staatsgewalt in Art. 1 Abs. 3 GG unmissverständlich festgeschrieben. Dies gilt naturgemäß auch für die Grundrechte auf Religionsfreiheit und Religionsunterricht. Schon die Einbettung in eine menschenwürde- und grundrechtsbasierte Verfassungsordnung markiert einen relevanten Unterschied zwischen den beiden Verfassungswerken von 1919 und 1949. Diese Differenz kann nicht ohne dogmatische Folgewirkungen bleiben, auch bei weitgehend wortgleichen Vorschriften – wie im Falle der Art. 149 WRV und Art. 7 Abs. 2 und 3 GG. Dieser Befund wird mustergültig mit dem bekannten Diktum von *Rudolf Smend* (schon) aus dem Jahr 1951 beschrieben: „[...] wenn zwei Grundgesetze dasselbe sagen, so ist es nicht dasselbe."[1]

Darüber hinaus ist offensichtlich, dass die funktionalen und dogmatischen Verbindungslinien auf der Seite des Religionsunterrichts die Übereinstimmungsklausel des Art. 7 Abs. 3 S. 2 GG fokussieren müssen. Die durch das BVerfG sanktionierte Auslegung der verfassungsrechtlichen Vorgabe, dass der Religionsunterricht „in Übereinstimmung mit den Grundsätzen der Religionsgemeinschaften" zu erteilen ist, erweist sich bisher als vermeintlich unüberwindbare Hürde für die Fortentwicklung der Dogmatik zu Art. 7 Abs. 2 und 3 GG über die Legitimation des Separatmodells hinaus. Denn die autoritative Festlegung des Gerichts, dass ein Unterricht nach Maßgabe dieser Norm nur dann vorliegt, wenn in ihm ausschließlich „die Glaubenssätze der jeweiligen Religionsgemeinschaft" als „bestehende Wahrheiten" vermittelt werden, lässt einen kooperativen Religionsunterricht nur bei zumindest grundsätzlicher Übereinstimmung der religiösen Grundsätze aller beteiligten Religionsgemeinschaften zu. Diese Übereinstimmung ist schon beim konfessionell-kooperativen oder gemeinschaftlich Christlichen Religionsunterricht von evangelischer und römisch-katholischer Kirche sehr fraglich und beim kooperativen oder gemeinschaftlichen interreligiösen Religionsunterricht jedenfalls nach ganz überwiegender Auffassung ausgeschlossen. Damit wäre das Separatmodell, das sowohl bei der Verfassunggebung 1949 als auch im Zeitpunkt der maßgeblichen Rechtsprechung des BVerfGs den realen und scheinbar unverrückbaren Hintergrund gebildet hat, religionsverfassungsrechtlich in seiner

[1] *Smend*: Staat und Kirche nach dem Grundgesetz, S. 3 (3).

Exklusivität perpetuiert.[2] Der sich zwischenzeitlich gesamtgesellschaftlich und religionssoziologisch sowie in der Praxis des Religionsunterrichts vollzogene Wandel wäre religionsverfassungsrechtlich nicht einholbar; der mit diesem Wandel verbundene Veränderungsdruck wäre verfassungsrechtsdogmatisch nicht zu bewältigen.

Aber: eine Grundrechtsinterpretation, die im Ergebnis die Wahrnehmung des Grundrechts unter veränderten Realbedingungen verunmöglicht, kann nicht richtig sein! Dies folgt grundrechtstheoretisch schon aus der grundlegenden, von *Richard Thoma* formulierten Erkenntnis, dass jeweils diejenige Interpretation zu wählen ist, die dem betreffenden Grundrecht die stärkste Wirkung verleiht.[3] Es folgt darüber hinaus und in direktem Bezug auf den Religionsunterricht aus der Erkenntnis, dass Art. 7 Abs. 2 und 3 GG „nicht, schon gar nicht in erster Linie etwas unterbinden, sondern – im Gegenteil – etwas stattfinden lassen, mithin also ermöglichen [will]: nämlich Religionsunterricht."[4]

Vor diesem Hintergrund wird im Folgenden die These vertreten, dass die funktionalen und dogmatischen Verbindungslinien zwischen der Religionsfreiheit und dem Religionsunterricht die Option eröffnen, die diagnostizierte dogmatische Verengung in der Interpretation des Art. 7 Abs. 2 und 3 GG so zu weiten, dass bestimmte Formen interkonfessionellen und interreligiösen Religionsunterrichts möglich

---

[2] *Wißmann*: Religionsunterricht für alle?, S. 48.

[3] So schon *Thoma*, S. 9., demzufolge die Jurisprudenz im Zweifelsfall „*von mehreren*, mit Wortlaut, Dogmengeschichte und Entstehungsgeschichte vereinbaren *Auslegungen* einer Grundrechtsnorm allemal *derjenigen der Vorzug zu geben hat, die die juristische Wirkungskraft der betreffenden Norm am stärksten entfaltet.*" (Hervorhebungen im Original)

[4] *Manten*: Verfassungsrechtliche Grenzen und Möglichkeiten, S. 73.

werden, ohne zugleich den religionsverfassungsrechtlichen Rahmen aufzulösen und der Konturenlosigkeit preiszugeben.[5]

II. Die Dogmatik zum Religionsunterricht im Lichte der Religionsfreiheit

Die These von der Erweiterung der Dogmatik zum Religionsunterricht im Lichte der Religionsfreiheit markiert im Grunde keine Fortentwicklung des bisherigen Verständnisses, sondern eine Besinnung auf den mit dem Erlass des Grundgesetzes schon immer gegebenen funktionalen Konnex beider Normen. Ihre Validität ist an die Überzeugungskraft von zumindest vier Teilpostulaten gebunden.

1. Authentische Religion in der öffentlichen Schule

Das erste Teilpostulat lautet:

> *In der öffentlichen Schule soll ein authentischer Religionsunterricht sein.*

Dieses Postulat ist zwar grundsätzlich im staatlichen Bildungsauftrag aus Art. 7 Abs. 1 GG angelegt, denn der „Umgang mit Religion ist eine Grundfrage der Schule im Verfassungsstaat".[6] Der Religionsunterricht wird daher zuweilen „als besonderer Teil eines positiven, auf Achtung und Begegnung der Religionen ausgerichteten Schulverfassungsrechts"

---

[5] In Übereinstimmung mit *von Scheliha/Wißmann*, S. 40: „Der Religionsunterricht von 1987 ist kein verfassungsrechtlicher Maßstab, sondern nur eine mögliche Anwendung des verfassungsrechtlichen Maßstabs."

[6] *Wißmann*, in: Kahl/Waldhoff/Walter (Hrsg.), BK, Art. 7, Rn. 118.

verstanden.[7] Das erste Postulat lässt sich aber nur unzureichend über den Rekurs auf diesen Auftrag begründen. Denn der Staat könnte ihn auch durch die Vermittlung bloßer Religionskunde, also durch die sachlich-distanzierte Information über Religion und Religionsgemeinschaften erfüllen.

Das Postulat authentischer, d.h. durch die Religionsgemeinschaften selbst verantworteter Religionsvermittlung in der öffentlichen Schule kann vielmehr treffender und dogmatisch rückstandslos aus der beschriebenen Schutzpflichtendimension der Religionsfreiheit abgeleitet werden. Der Staat kommt seiner grundrechtlich verankerten Verpflichtung, sich schützend und fördernd vor die Religion und die Religionsgemeinschaften zu stellen, u. a. dadurch nach, dass er der religiös und nicht nur religionskundlich fundieren Vermittlung von Religion in der öffentlichen Schule Raum gibt. Die religionsverfassungsrechtliche Manifestation dieses Postulats begegnet in Art. 7 Abs. 2 und 3 GG. Inhaltlich bewegt es sich noch im Rahmen der aktuellen Dogmatik zu dieser Vorschrift.

2. Die inhaltliche Verantwortung der Religionsgemeinschaften

Das zweite Postulat folgt in seinem Gehalt unmittelbar aus dem ersten. Es lautet:

> *Die Religionsgemeinschaften haben den Religionsunterricht inhaltlich nach Maßgabe ihrer Glaubensgewissheiten zu verantworten und zu gestalten.*

Ein Religionsunterricht gem. Art. 7 Abs. 2 und 3 GG liegt aus religionsverfassungsrechtlicher Perspektive dann und nur dann vor, wenn die Vermittlung von Religion in diesem Un-

[7] *Wißmann*: Religionsunterricht für alle?, S. 71.

terricht tatsächlich authentisch, d.h. aus der Perspektive von Glaubensgewissheiten erfolgt. Nur dann ist die Exemtion des Staates aus der inhaltlichen Verantwortung für diesen Unterricht gerechtfertigt, da er als säkularer Staat in Glaubensdingen inkompetent ist.[8] Nur dann kann diese „*Enklave im demokratisch verantworteten Schulmandat des Staates*" (religions-) verfassungsrechtlich legitimiert werden. Die daraus folgende und von *Hinnerk Wißmann* mustergültig formulierte Erkenntnis bleibt für jede dogmatische Annäherung an Art. 7 Abs. 2 und 3 GG unhintergehbar: „*Erst und nur der die ganze Person ergreifende Wahrheitsanspruch der Religion, der durch die Religionsgemeinschaften verantwortet wird, rechtfertigt im religiös neutralen Staat, dass dieser Platz in der Schule von der Religion selbst ausgefüllt wird.*"[9] Sie mündet unmittelbar in das zweite Postulat.

3. *Authentizität und Selbstverständnis*

Das dritte Postulat zieht jenseits der aktuellen, durch das BVerfG bestimmten Auslegung des Art. 7 Abs. 2 und 3 GG die funktionale Verbindungslinie vom Grundrecht der Religionsfreiheit bis zu ihren Folgen für die Dogmatik zum Religionsunterricht konsequent aus. Es lautet:

---

[8] Vgl. *von Scheliha/Wißmann*, S. 45: „Erst und nur die *wechselseitige Bedingung von (staatlichem) Wahrheitsverbot und (religiöser) Wahrheitsverpflichtung* ist für den modernen Verfassungsstaat der Gegenwart die strukturell zutreffende Fortführung eines Arrangements, das ursprünglich vor gut 100 Jahren als äußerliche Kompromissformel gesetzt worden war." (Hervorhebungen im Original)

[9] *Wißmann*: Religionsunterricht für alle?, S. 55 (Hervorhebungen im Original); ebenso ebd. 72: „Erst und nur Glaubenswahrheit legitimiert ein Mandat der Religionsgemeinschaften in der öffentlichen. Schule."

Die inhaltliche Ausfüllung des Authentizitätsgebots obliegt grundsätzlich den Religionsgemeinschaften nach Maßgabe ihres Selbstverständnisses.

Das „Wie“ einer authentischen Religionsvermittlung im Religionsunterricht liegt i.W. in den Händen der Religionsgemeinschaften. So wie der Begriff der Religion im allgemeinen Kontext des Grundrechts der Religionsfreiheit, so ist auch für die Definition des Verfassungsbegriffs des Religionsunterrichts primär auf das Selbstverständnis der Religionsgemeinschaften zu rekurrieren.

Diese Sichtweise erzeugt nicht nur den dogmatischen Nutzen einer Vereinheitlichung der Methodik zur Definition religionsverfassungsrechtlicher Begriffe. Sie trägt auch maßgeblich zu einer Weitung der diagnostizierten Verengung in der aktuellen Dogmatik zum Religionsunterricht bei. Wie erinnerlich, sind danach die Optionen der Religionsgemeinschaften für die Erfüllung des Authentizitätsgebotes auf die exklusive Vermittlung der eigenen „Glaubenssätze [...] als bestehende(r) Wahrheiten“ beschränkt; interkonfessionelle Konfigurationen werden ganz überwiegend, interreligiöse Ausgestaltungen vollständig aus dem Bereich des Art. 7 Abs. 2 und 3 GG verbannt und damit zugleich mit dem Verdikt der Verfassungswidrigkeit belegt. Mit dem Rekurs auf das Kriterium des Selbstverständnisses eröffnet sich demgegenüber ein geweiteter dogmatischer Horizont. Denn danach bestimmen die Religionsgemeinschaften grundsätzlich selbst, ob und ggf. in welchem Ausmaß die Konfrontation bzw. der Dialog mit authentisch dargebotenen anderen Konfessionen oder Religionen mit der Authentizität der eigenen Konfession oder Religion kompatibel ist. Das scheinbar religionsverfassungsrechtlich perpetuierte Separatmodell erweist sich vor diesem Horizont nicht als einzige inhaltliche Option für das religiös-authentische Verständnis des Religionsunterrichts. Die dem Selbstverständnis anheimgegebene Authentizität erfordert nicht zwingend eine strikte unterrichtsorganisatorische Trennung der Religionsgemeinschaften. Entscheidend ist nicht die Abgrenzung von Konfessionen und Religionen, sondern die Inkompetenz des Staates, die Authentizität von Religionsvermittlung im Religionsunterricht zu beurteilen.[10] Mit der vereinheitlichenden Übertragung des allgemein für das Religionsverfassungsrecht gültigen Kriteriums des Selbstverständnisses auf die Dogmatik zu Art. 7 Abs. 2 und 3 GG kann also eine Abkehr von der perspektivischen Verengung vollzogen werden, die die Dogmatik zum Religionsunterricht vom Geltungszeitraum der Weimarer Reichsverfassung bis zur Leitentscheidung des BVerfGs und der aktuell (noch) überwiegenden Staatsrechtslehre bestimmt hat und bestimmt.

Im Übrigen ist zu betonen: Maßgeblich ist das Selbstverständnis der *Religionsgemeinschaften*. Weder der Staat noch die Schülerinnen und Schüler entscheiden über die Konfiguration des Religionsunterrichts. Sie erfolgt gem. Art. 7 Abs. 3 GG „in Übereinstimmung mit den Grundsätzen der Religionsgemeinschaften". Folglich haben auch die religions- bzw. konfessionsangehörigen Schülerinnen und Schüler keinen Anspruch auf die Etablierung eines bestimmten Modells des Religionsunterrichts bzw. auf Unterlassung eines interreligiösen Unterrichts etwa nach dem Vorbild des RUfA 2.0 in Hamburg. Ein gelegentlich diagnostizierter Verstoß gegen die negative Religionsfreiheit dieser Schülerinnen und Schüler aus Art. 4 Abs. 1 und 2 GG ist schon vor dem Hintergrund des klaren Wortlauts des Art. 7 Abs. 2 und3 GG nicht erkennbar.[11]

---

[10] *Wißmann*: Religionsunterricht für alle?, S. 73, spricht in diesem Zusammenhang zutreffend von „Staatsferne".

[11] A.A. *Manten*: Verfassungsrechtliche Grenzen und Möglichkeiten, S. 73 (81 ff.), der ebd., S. 82, ausführt: „[…] es erscheint inkonsequent und

4. Das Korrektiv der Plausibilität

Das Komplementärpostulat zum Selbstverständnis-Kriterium folgt ebenfalls der funktional-dogmatischen Verbindungslinie zwischen der Religionsfreiheit und dem Religionsunterricht. Es lautet:

> *Die Authentizität des Religionsunterrichts nach Maßgabe des Selbstverständnisses der Religionsgemeinschaften muss aus der Sicht des Staates plausibel sein.*

So wie eine Gemeinschaft ggf. dem Staat gegenüber plausibilisieren muss, dass sie eine Religionsgemeinschaft, also eine Gemeinschaft zur Erfüllung eines religiösen Auftrags ist, so hat sie ggf. zu plausibilisieren, dass der von ihr (mit-) angebotene Religionsunterricht aus ihrer Sicht religiös-authentisch ist.

Auch mit diesem Postulat wird nicht nur, aber immerhin die Vereinheitlichung der Bestimmung religionsverfassungsrechtlicher Begriffe befördert. Es unterstützt zudem die Weitung des dogmatischen Horizonts der Optionen verfassungsgemäßen Religionsunterrichts im Rahmen des Art. 7 Abs, 2 und 3 GG. Denn die Plausibilisierung von Konfigurationen dieses Unterrichts jenseits der exklusiven Vermittlung eigener Glaubensgewissheiten ist nicht von vornherein ausgeschlossen. Die auf dem jeweils eigenen Selbstverständnis basierende, authentische Konzeption eines dialogischen interkonfessionellen oder interreligiösen Religionsunterrichts verschwindet nicht per se aus dem dogmatischen Blickfeld. Zur

---

daher problematisch, wenn sich die beteiligten Religionsgemeinschaften zu Lasten der Schülerinnen und Schüler darauf verständigen, dass dies entweder teilweise einen bekenntnisfremden Religionsunterricht besuchen oder sich vom Religionsunterricht abmelden und auf das Ersatzfach verweisen lassen müssen."

Plausibilität der Authentizität gehört einerseits und sicher, dass der Antagonismus divergierender „Glaubenswahrheiten" nicht religionspädagogisch vernebelt werden darf.[12] Andererseits ist der Religionsunterricht auch nicht darauf aus- und festgelegt, die religiöse Abgrenzung zu betonen bzw. den Nachweis des Irrtums anderer Konfessionen oder Religionen zu erbringen.[13]

Die grundlegende Voraussetzung für eine Plausibilisierung der Erweiterung des Spektrums verfassungskonformer Formate für den Religionsunterricht kann nur von den Religionsgemeinschaften selbst erfüllt werden. Sie werden den Plausibilitätstest nur bestehen, wenn sie objektiv nachvollziehbar darlegen können, dass auch die über das Separatmodell hinausgehenden Formate mit ihren jeweiligen Glaubensgewissheiten kompatibel sind. Sie müssen also „ihren je eigenen Wahrheitsanspruch vertreten und zugleich für möglich halten, dass es auch andere Glaubenswahrheiten geben kann und diese den (gleichen) Unterricht ebenfalls prägen."[14] An dieser Stelle ist die religionsverfassungsrechtliche Perspektive auf die Sehhilfe der Theologie angewiesen. Denn ob und wie die geforderte Gleichzeitigkeit von eigenen und fremden Glaubensgewissheiten in einem interkonfessionellen oder interreligiösen Religionsunterricht mit der religiösen Authentizität aus der Sicht der beteiligten Religionsgemeinschaften vereinbar ist, muss jeweils theologisch begründet werden (können).[15] Für den RUfA 2.0 in Hamburg liegt bereits ein verhalten optimistisches Gutachten eines renommierten

---

[12] *Härle*, S. 50.

[13] *Wißmann*: Religionsunterricht für alle?, S. 77; a. A. *Härle*, S. 79.

[14] *Wißmann*: Religionsunterricht für alle?, S. 75.

[15] Ebenso (für den Christlichen Religionsunterricht) *Simojoki/Lindner/Hense/Heinig*, S. 9: Angewiesenheit auf die Frage, „ob und unter welchen Bedingungen die für den konfessionellen Religionsunterricht bin-

evangelischen Theologen vor. Es bestärkt jedenfalls den Eindruck, dass die These von der Erweiterung der Dogmatik zum Religionsunterricht im Lichte der Religionsfreiheit nicht völlig haltlos ist und mündet in ein „Plädoyer für einen künftigen, *pluralismusoffenen* – je nach gesellschaftlicher Situation und Lage – rein konfessionellen, konfessionell-kooperativen oder interreligiös-kooperativen Religionsunterricht als *Angebot für alle* Schülerinnen und Schüler."[16]

III. Folgerungen

Die Validität der dogmatischen Erweiterungsthese vorausgesetzt, können einige Folgerungen für die Zukunft des Religionsunterrichts aufgezeigt werden. Vier dieser Folgerungen sind von herausgehobener Bedeutung.

1. Das Erfordernis theologischer Plausibilisierung

Zunächst und nochmals ist das Erfordernis einer theologischen Plausibilisierung dieser Erweiterung zu bekräftigen.[17] Wenn die interkonfessionellen und interreligiösen Integrationsmodelle den Status eines Religionsunterrichts i. S. d. Art. 7 Abs. 2 und 3 GG erhalten und damit ein aliud zur bloßen Religionskunde bilden wollen, muss für alle (!) beteiligten Religionsgemeinschaften theologisch plausibel dargelegt werden (können), dass diese Formen der Religionsvermittlung mit den jeweils eigenen Glaubensgewissheiten in Einklang zu bringen sind. Der Ball liegt hier eindeutig im Spielfeld der Re-

---

denden Grundsätze der Religionsgemeinschaften ein gemeinsam verantwortetes Fach erlauben oder sogar nahe legen."

[16] *Härle*, S. 143 (Hervorhebungen im Original).

[17] Ebenso *Munsonius*: Zur Übereinstimmung, S. 93 (107).

ligionsgemeinschaften. Es wäre also wünschenswert, wenn auch für andere praktizierte Kooperationsformen als den RUfA 2.0 in Hamburg entsprechende theologische Expertisen erstellt und vorgelegt werden könnten, um Zweifel an der Plausibilität der Integrationsmodelle zu zerstreuen.

2. Regionale Diversität

Aus dem Bezug des Verfassungsbegriffs des Religionsunterrichts auf das ggf. zu plausibilisierende Selbstverständnis der Religionsgemeinschaften folgt zudem, dass dieser Begriff nicht auf ein bestimmtes Modell festgelegt ist. Die bisher vermeintlich alternativlose Exklusivität des Separatmodells ist nach Maßgabe der dogmatischen Erweiterungsthese nicht mehr haltbar. Die Bandbreite möglicher Konfigurationen eines verfassungskonformen Religionsunterrichts erstreckt sich nunmehr auch auf die beschriebenen Integrationsmodelle. Aus religionsverfassungsrechtlicher Perspektive sind diese Modelle zwar nicht gleich*artig*, aber gleich*wertig*. Das bedeutet zugleich, dass in verschiedenen Bundesländern mit unterschiedlichen Beteiligten auch unterschiedliche Konfigurationen gewählt werden können – wenn der Rahmen der Staatsferne und des (potentiell) plausibilisierten Selbstverständnisses der beteiligten Religionsgemeinschaften eingehalten ist.[18] So ist z. B. die religionssoziologische Situation in Hamburg eine andere als etwa im benachbarten Schleswig-Holstein. Insofern kann das interreligiöse Modell eines RUfA 2.0 in der Freien und Hansestadt die (einzig) adäquate Konfiguration darstellen, während in dem nördlich gelegenen Flächenland das Separatmodell (noch) gut funktionieren und im südlicheren Niedersachsen u. a. ein interkonfessioneller

---

[18] *von Scheliha/Wißmann*, S. 132.

Christlicher Religionsunterricht das taugliche Mittel der Wahl sein kann.

3. *Quis iudicabit?*

Diese Diversität möglicher Modelle evoziert vor dem Hintergrund der Kulturhoheit der Bundesländer die Frage nach der Festlegungskompetenz. Konkret lautet sie: Wer entscheidet darüber, welches Modell mit welchen Religionsgemeinschaften im jeweiligen Bundesland zu etablieren ist? Aus der Erweiterungsthese ist hier die – dritte – Folgerung zu ziehen, dass die Wahl des Modells jedenfalls nicht gegen den Willen der betroffenen bzw. beteiligten Religionsgemeinschaften ausfallen darf.[19] Orte der juristischen Fixierung der Konfiguration des Religionsunterrichts sind vor allem Verträge zwischen dem Staat und den Religionsgemeinschaften sowie die landesrechtlichen Schulgesetze. Es ist also davon auszugehen, dass die Grundlagen für die rechtliche Konfiguration praktisch in Aushandlungsprozessen zwischen dem Staat und den Religionsgemeinschaften gelegt werden. Aus dem Grundrechtsstatus des Art. 7 Abs. 2 und 3 GG, der für alle Aushandlungsprozesse und landesrechtlichen Regelungen den religionsverfassungsrechtlichen Rahmen liefert, sowie aus der Bindung des Verfassungsbegriffs des Religionsunterrichts an das ggf. zu plausibilisierende Selbstverständnis der Religionsgemeinschaften folgt, dass es dem Staat verwehrt ist, den Religionsgemeinschaften ein bestimmtes Modell aufzuzwingen.[20] Wenn z. B. vor dem Hintergrund der regionalen Gege-

---

[19] In diesem Sinne wohl auch *Manten*: Verfassungsrechtliche Grenzen und Möglichkeiten, S. 73 (88): Es gibt „keine Verpflichtung der Religionsgemeinschaften, sich auf die Mitwirkung an einem gemeinsamen Religionsunterricht zu verständigen."

[20] Dazu nochmals und zurecht *Manten*: Verfassungsrechtliche Gren-

benheiten eine Religionsgemeinschaft einen Religionsunterricht nach dem Separatmodell anbieten möchte, kann sie von dem betreffenden Bundesland nicht – etwa aus schulorganisatorischen Motiven der Konzentration des Religionsunterrichts – auf ein interreligiöses Modell verpflichtet werden.

4. Organisatorische Anforderungen

Die vierte hervorzuhebende Folgerung fokussiert organisatorische und begleitende Anforderungen an die Unterrichtseinrichtung und -gestaltung und hier vor allem die im Zuge der Erweiterungsthese einzubeziehenden Integrationsmodelle. Aus der Fülle der einschlägigen Aspekte können hier nur einige benannt und inhaltlich konturiert werden. Konkretisierungen und Umsetzung bleiben der Praxis vorbehalten.

Aus der Erweiterungsthese folgt zunächst, dass insbesondere für den interkonfessionellen und den interreligiösen Religionsunterricht spezifische Unterrichtspläne aufzustellen sind. In ihnen ist neben den Inhalten u.a. die Aufteilung der authentischen Unterrichtsteile der beteiligten Religionsgemeinschaften festzulegen. Ggf. ist eine Ausdifferenzierung unterschiedlicher Unterrichtsphasen mit entsprechender Zuteilung vorzunehmen.

Ferner unterscheiden sich die Aufgabe und Funktion der Lehrkräfte in den verfügbaren Modellen. So sind die Lehrkräfte in besonderer Weise auf die spezifische Situation des integrativen Religionsunterrichts vorzubereiten.[21] Die dialogisch-kooperative Ausrichtung dieses Unterrichts muss in der

---

zen und Möglichkeiten, S. 73 (89): „Der Staat kann die Fusion zwar vorschlagen oder aus praktischen wie rechtlichen Erwägungen heraus anraten, nicht aber erzwingen."

[21] Zur Aus- und Fortbildung von Lehrkräften im Kontext des CRU in Niedersachsen siehe *Rösener/Nagel*, S. 319 ff., und *Leonhard/Paeßens*,

akademischen (Aus-) Bildung der Lehrkräfte abgebildet werden.[22] Im Übrigen ist darauf zu achten, dass die Option der Lehrkräfte aus Art. 7 Abs. 3 S. 3 GG, die Erteilung von Religionsunterricht abzulehnen, ungeschmälert erhalten bleibt.

Schließlich sind auch für die Integrationsmodelle die Modalitäten der Abmeldung von Schülerinnen und Schülern vom Religionsunterricht gem. Art. 7 Abs. 2 GG zu bedenken.[23] Zu klären wäre insbesondere, ob eine Abmeldung auf bestimmte Unterrichtsphasen bezogen werden kann oder nur für den gesamten Unterricht möglich ist. Entsprechend stellen sich Fragen nach der Konfiguration eines Ersatzunterrichts.

S. 327 ff. Siehe dazu auch *Manten*: Verfassungsrechtliche Grenzen und Möglichkeiten, S. 73 (90 f.).

[22] *von Scheliha/Wißmann*, S. 134.

[23] Problematisierung auch bei *Manten*: Verfassungsrechtliche Grenzen und Möglichkeiten, S. 73 (89 f.).

E. Zusammenfassung und Ausblick

Statt mit einer Zusammenfassung und einem Ausblick in gepflegter Wissenschaftsprosa soll der Ertrag der vorstehenden Ausführungen (nur) in der Form von Thesen rekapituliert werden.

1. Die verpflichtende Vorgabe eines konfessionellen, d.h. inhaltlich in der Verantwortung der Religionsgemeinschaften stehenden Religionsunterrichts im deutschen Religionsverfassungsrecht bildet im internationalen (auch europäischen) Kontext eine Ausnahme.

2. Die spezifisch deutsche Regelung ist Resultat einer ebenso spezifischen historischen Entwicklung, die von den Klosterschulen des Mittelalters über die immer noch kirchlich dominierten staatlichen Schulen der Neuzeit bis zu den Weimarer Schulkompromissen führte. Das Resultat bestand in der vollständigen staatlichen Schulaufsicht mit Ausnahme des Religionsunterrichts, der – als staatlicher Unterricht – inhaltlich von den Religionsgemeinschaften verantwortet werden sollte. Diese Konfiguration des Religionsunterrichts ist vom Grundgesetz übernommen worden.

3. Art. 7 Abs. 2 und 3 GG formt ein Grundrecht und schreibt vor, dass an öffentlichen Schulen der Religionsunterricht als ordentliches Lehrfach in inhaltlicher Übereinstimmung mit den Grundsätzen der Religionsgemeinschaften zu unterrichten ist. Es besteht eine Abmeldemöglichkeit

zugunsten eines Ersatzfachs. Art. 7 Abs. 2 und 3 GG gilt nicht in Bundesländern im Anwendungsbereich des Art. 141 GG („Bremer Klausel“).

4. Das BVerfG hat in seiner bisher einzigen Leitentscheidung zu Art. 7 Abs. 2 und 3 GG den Verfassungsbegriff des Religionsunterrichts näher beschrieben. Maßgeblich ist einerseits die Funktionsbeschreibung dieses Unterrichts, die darin liegen soll, „die Glaubenssätze der jeweiligen Religionsgemeinschaft als bestehende Wahrheiten zu vermitteln“ Andererseits wurde schon in dieser Leitentscheidung festgestellt, dass der beschriebene Begriff „nicht in jeder Hinsicht festgelegt ist, sondern wie der übrige Inhalt der Verfassung ‚in die Zeit hinein offen‘ bleiben muss, um die Lösung von zeitbezogenen und damit wandelbaren Problemen zu gewährleisten…“

5. In der Praxis haben sich vor dem Hintergrund der religionssoziologischen und religionspädagogischen Entwicklungen der letzten Jahrzehnte in den für den Bildungsbereich zuständigen Bundesländern verschiedene Modelle des Religionsunterrichts etabliert bzw. werden etabliert. Im Einzelnen können das Separat-, das interkonfessionelle, das interreligiöse und das Abstinenzmodell unterschieden werden.

6. Insbesondere das interkonfessionelle und das interreligiöse Modell werfen Zweifel an ihrer Kompatibilität mit der herkömmlichen Dogmatik zu Art. 7 Abs. 2 und 3 GG auf. Zur Behebung der Zweifel bedarf es einer Revision dieser Dogmatik unter Rekurs auf das grundgesetzliche System des Religionsverfassungsrechts.

7. Das grundgesetzliche Religionsverfassungsrecht formt ein konsistentes und kohärentes System mit dem Grund-

recht auf Religionsfreiheit in seiner Abwehr- und Schutzdimension als Fundament (Art. 4 Abs. 1 und 2 GG), dem Verbot der Staatskirche (Art. 140 GG i. V. m. Art. 137 Abs. 1 WRV) und dem Selbstbestimmungsrecht der Religionsgemeinschafen (Art. 140 GG i. V. m. Art. 137 Abs. 3 WRV) als tragende Säulen sowie diversen Verstrebungen, zu denen auch der Religionsunterricht i. S. d. Art. 7 Abs. 2 und 3 GG gehört.

8. Im Übrigen: Art. 7 Abs. 2 und 3 GG enthält entgegen einer gelegentlich vertretenen Ansicht kein verfassungswidriges Verfassungsrecht.

9. Die herkömmlich restriktive Auslegung des Art. 7 Abs. 2 und 3 GG lässt sich mit dem Hinweis auf die systemimmanent angezeigte dogmatische Verbindungslinie zum Grundrecht auf Religionsfreiheit in der Weise weiten, dass damit auch der interkonfessionelle und – vor allem – der interreligiöse Religionsunterricht von seinem Anwendungsberiech umfasst sind. Auf dieser Verbindungslinie liegt u. a. die Auslegung der Begriffe der Religion und der religiös-weltanschaulichen Neutralität des Staates. Die konkreten Punkte auf dieser werden mit den Stichworten vom Selbstverständnis der Religionsgemeinschaften im Rahmen der Plausibilität und der (inhaltlichen) Staatsferne des Religionsunterrichts gesetzt.

10. Diese „Erweiterungsthese" kann anhand von zumindest vier Teilpostulaten bekräftigt werden:
    (1) In der öffentlichen Schule soll ein authentischer Religionsunterricht sein.
    (2) Die Religionsgemeinschaften haben den Religionsunterricht inhaltlich nach Maßgabe ihrer Glaubensgewissheiten zu verantworten und zu gestalten.

(3) Die inhaltliche Ausfüllung des Authentizitätsgebots obliegt grundsätzlich den Religionsgemeinschaften nach Maßgabe ihres Selbstverständnisses.
(4) Die Authentizität des Religionsunterrichts nach Maßgabe des Selbstverständnisses der Religionsgemeinschaften muss aus der Sicht des Staates plausibel sein.

11. Aus der „Erweiterungsthese" sind zumindest vier Folgerungen abzuleiten:
(1) Das Erfordernis theologischer Plausibilisierung der Integrationsmodelle.
(2) Die Wahl eines der tauglichen Modelle kann sich nach den regionalen Rahmenbedingungen bestimmen. Es ist also von einer legitimen regionalen Diversität des Religionsunterrichts auszugehen.
(3) Die Wahl des Modells darf jedenfalls nicht gegen den Willen der betroffenen bzw. beteiligten Religionsgemeinschaften ausfallen. Sie ist regelmäßig das Ergebnis von Aushandlungsprozessen zwischen dem Staat und den Religionsgemeinschaften.
(4) Erforderlich sind schließlich organisatorische und begleitende Anforderungen an die Unterrichtseinrichtung und -gestaltung (Unterrichtspläne, Lehrkräfte(aus)bildung, Abmeldemodalitäten etc.).

12. Zum Abschluss: Die Zukunft des konfessionellen Religionsunterrichts in der inhaltlichen Verantwortung der Religionsgemeinschaften hängt maßgeblich vom Gelingen einer Fortentwicklung der religionsverfassungsrechtlichen Dogmatik zu Art. 7 Abs. 2 und 3 GG ab. Mit den vorstehenden Ausführungen und Thesen wird der Versuch unternommen, den dogmatischen Grund für eine solche Fortentwicklung zu legen.

Literaturverzeichnis

Alexy, Robert: Theorie der Grundrechte, Frankfurt/M. 1986.

Anschütz, Gerhard: Die Verfassung des Deutschen Reichs vom 11. August 1919, 14. Aufl. (1933), Aalen 1987.

Augsberg, Ino: Vom Staatskirchenrecht zum Religionsverfassungsrecht – Ein Beitrag zur Begriffsdiskussion, in: Thomas Holzner/Hannes Ludyga (Hrsg.), Entwicklungstendenzen des Staatskirchen- und Religionsverfassungsrechts. Ausgewählte begrifflich-systematische, historische, gegenwartsbezogene und biografische Bezüge, Paderborn u. a. 2013, S. 73 ff.

Bachof, Otto: Verfassungswidrige Verfassungsnormen?, Tübingen 1951.

Bauer, Jochen: Die Weiterentwicklung des Hamburger Religionsunterrichts in der Diskussion zwischen Verfassungsrecht und Schulpädagogik, ZevKR (59) 2014, S. 227 ff.

ders.: Religionsunterricht für alle, Stuttgart 2019.

ders.: Religion unterrichten in Hamburg, in: Rothgangel, Martin/Schröder, Bernd (Hrsg.), Religionsunterricht in den Ländern der Bundesrepublik Deutschland. Neue empirische Daten – Kontexte – Aktuelle Entwicklungen, Leipzig 2020, S. 153 ff.

ders.: Religionsunterricht für Alle 2.0, Religionspädagogische Beiträge. Journal for Religion in Education 45 (2022), S. 33 ff., https://doi.org/10.20377/rpb-238.

Bornemann, Elias: Die religiös-weltanschauliche Neutralität des Staates, Tübingen 2020.

Borowski, Martin: Die Glaubens- und Gewissensfreiheit des Grundgesetzes, Tübingen 2006.

Brosius-Gersdorf, Frauke (Hrsg.): Dreier – Grundgesetz. Kommentar, Bd. I, 4. Aufl. Tübingen 2023.

Busse, Ernst Wolfgang Walter: Das Prinzip staatlicher Neutralität und die Freiheit der Religionsausübung. Eine Analyse der Rechtsprechung zum ethisch-religiösen Neutralitätsgebot, Frankfurt/M. 2013.

Campenhausen, Axel Freiherr von/de Wall, Heinrich: Religionsverfassungsrecht. Eine systematische Darstellung, 5. Aufl., München 2022.

Classen, Claus Dieter: Laizität und Religionsfreiheit in Frankreich, ZevKR 62 (2017), S. 111 ff.

ders.: Religionsrecht, 3. Aufl., Tübingen 2021.

Czermak, Gerhard/Hilgendorf, Eric: Religions- und Weltanschauungsrecht. Eine Einführung, 2. Aufl., Wiesbaden 2018.

de Wall, Heinrich: Das Grundrecht auf Religionsunterricht, NVwZ 1997, S. 465 ff.

ders.: Zum Verfassungsstreit um den Religionsunterricht in Brandenburg, ZevKR 42 (1997), S. 353 ff.

Di Fabio, Udo: Gewissen, Glaube, Religion: Wandelt sich die Religionsfreiheit? (2007), in: ders., Gewissen, Glaube, Religion: Wandelt sich die Religionsfreiheit?, Berlin 2008, S. 15 ff.

Dreier, Horst (Hrsg.): Grundgesetz. Kommentar, Bd. I, 3. Aufl., Tübingen 2013; Bd. III, 3. Aufl., Tübingen 2018.

ders.: Die religiös-weltanschauliche Neutralität des Staates – Konzeption, Kritik, Kontroversen, in: ders., Staat ohne Gott. Religion in der säkularen Moderne, München 2018, S. 95 ff.

Dürig, Günter/Herzog, Roman/Scholz, Rupert (Hrsg.): Grundgesetz. Kommentar, München, Stand: Oktober 2024.

Ebers, Godehard Josef: Staat und Kirche im neuen Deutschland, München 1930.

Engi, Lorenz: Die religiöse und ethische Neutralität des Staates. Theoretischer Hintergrund, dogmatischer Gehalt und praktische Bedeutung eines Grundsatzes des schweizerischen Staatsrechts, Zürich/Basel/Genf 2017.

Epping, Volker/Hillgruber, Christian (Hrsg.), Grundgesetz, 3. Aufl., München 2020.

Ennuschat, Jörg: Das Verhältnis des staatlichen Bildungs- und Erziehungsauftrags zur Religion, in: Pirson, Dietrich/Rüfner, Wolfgang/Germann, Michael/Muckel, Stefan (Hrsg.,), HStKR Bd. II, 3. Aufl., Berlin 2020, S. 1751 ff.

Fischer, Erwin: Volkskirche ade! Trennung von Staat und Kirche. Die Gefährdung der Religions- und Weltanschauungsfreiheit in der Bundesrepublik Deutschland, 4. Aufl., Berlin 1993.

Friedner, Lars: State and Church in Sweden, in: Robbers, Gerhard (Hrsg.), State and Church in the European Union, 3rd ed., Baden-Baden 2019, S. 641 ff.

Frisch, Michael: Grundsätzliches und Aktuelles zur Garantie des Religionsunterrichts im Grundgesetz, ZevKR 49 (2004), S. 589 ff.

Fritz, Gernot: Religionsunterricht: Berliner Sonderweg nicht mehr gerechtfertigt, BayVBl. 2002, S. 135 ff.

Gennerich, Carsten/Zimmermann, Mirjam: Abmeldung vom Religionsunterricht, Leipzig 2016.

Germann, Michael: Beweist die Entstehungsgeschichte der „Bremer Klausel" die Exemtion des Landes Brandenburg von der Garantie des Religionsunterrichts?, ZevKR 45 (2000), S. 631 ff.

ders.: Das System des Staatskirchenrechts in Deutschland, in: Pirson, Dietrich/Rüfner, Wolfgang/Germann, Michael/Muckel, Stefan (Hrsg.), HStKR Bd. II, 3. Aufl., Berlin 2020, S. 261 ff.

Grethlein, Christian: Art. „Religionsunterricht. I. Geschichtlich", in: Betz, Hans Dieter/Bowning, Don S./Janowski, Bernd/Jüngel, Eberhard (Hrsg.), Religion in Geschichte und Gegenwart; Bd. 7, 4. Aufl., Tübingen 2004.

Grzeszick, Bernd: Staatlicher Rechtsschutz in Kirchensachen, AöR 129 (2004), S. 168 ff.

Gusy, Christoph: Die Weimarer Reichsverfassung, Tübingen 1997.

Härle, Wilfried: Religionsunterricht unter pluralistischen Bedingungen. Eine kritische Sichtung des Hamburger Modells, Leipzig 2019.

Häusler, Ulrike: Religion unterrichten in Berlin, in: Rothgangel, Martin/Schröder, Bernd (Hrsg.), Religionsunterricht in den Ländern der Bundesrepublik Deutschland. Neue empirische Daten – Kontexte – Aktuelle Entwicklungen, Leipzig 2020, S. 71 ff.

Hain, Karl-Eberhard: Die Grundsätze des Grundgesetzes. Eine Untersuchung zu Art. 79 Abs. 3 GG, Baden-Baden 1999.

Heckel, Martin: Religionsfreiheit und Staatskirchenrecht in der Rechtsprechung des Bundesverfassungsgerichts (2001), in: ders.,

Gesammelte Schriften, Bd. V, hrsg. von Axel Frhr. von Campenhausen u. a., Tübingen 2004, S. 303 ff.

ders.: Der Rechtsstatus des Religionsunterrichts im pluralistischen Verfassungssystem, Tübingen 2002.

ders.: Religionskunde im Lichte der Religionsfreiheit. Zur Verfassungsmäßigkeit des LER-Unterrichts in Brandenburg (1999), in: ders., Gesammelte Schriften, Bd. V, hrsg. von Axel Frhr. von Campenhausen u. a., Tübingen 2004, S. 485 ff.

ders.: Neue Fomen des Religionsunterrichts? Konfessionell – unkonfessionell – interreligiös – bikonfessionell – „für alle" – konfessionell – kooperativ?, in: Grote, Rainer/Härtel, Ines/Hain, Karl-Eberhard u. a. (Hrsg.), Die Ordnung der Freiheit. Festschrift für Christian Starck zum siebzigsten Geburtstag, Tübingen 2007, S. 1110 ff.

Heimann, Hans Markus: Art. „Religionsunterricht", in: Heun, Werner/Honecker, Martin/Morlok, Martin/Wieland, Joachim (Hrsg.), Evangelisches Staatslexikon. Neuausgabe, Stuttgart 2006, Sp. 2031 ff.

Heinig, Hans Michael: Verschärfung der oder Abschied von der Neutralität?, JZ 2009, S. 1136 ff.

ders.: „Religionsgemeinschaft/Religionsgesellschaft": Herkunft, aktuelle Bedeutung und Zukunft einer religionsverfassungsrechtlichen Zentralkategorie, ZevKR 64 (2019), S. 1 ff.

ders.: Religions- und Weltanschauungsfreiheit, Pirson, Dietrich/Rüfner, Wolfgang/Germann, Michael/Muckel, Stefan (Hrsg.), HStKR Bd. II, 3. Aufl., Berlin 2020, S. 559 ff.

ders.: „Es besteht keine Staatskirche" – Das Verhältnis von Staat und Religion, in: Dreier, Horst/Waldhoff, Christian (Hrsg.), Weimars Verfassung. Eine Bilanz nach 100 Jahren, Göttingen 2020, S. 265 ff.

Helmreich, Ernst Christian: Religionsunterricht in Deutschland. Von den Klosterschulen bis heute (1959), Düsseldorf 1966.

Hense, Ansgar: Staatskirchenrecht oder Religionsverfassungsrecht: mehr als ein Streit um Begriffe?, in: Haratsch, Andreas/Janz, Norbert/Rademacher, Sonja/Schmahl, Stefanie/Weiss, Norman (Hrsg.), Religion und Weltanschauung im säkularen Staat, Stuttgart 2001, S. 9 ff.

ders.: Anmerkungen zu einem christlichen Religionsunterricht aus der Perspektive des katholischen Kirchenrechts, in: Heinig, Hans Michael/Hense, Ansgar/Lindner, Konstantin/Simojoki, Henrik (Hrsg.), Christlicher Religionsunterricht (CRU), Tübingen 2024, S. 109 ff.

Hildebrandt, Uta: Das Grundrecht auf Religionsunterricht, Tübingen 2000.

Hillgruber, Christian: Der deutsche Kulturstaat und der muslimische Kulturimport, JZ 1999, S. 538 ff.

Höfling, Wolfram/Augsberg, Steffen/Rixen, Stephan (Hrsg.): Friauf/Höfling – Berliner Kommentar zum Grundgesetz, Berlin, Stand: Februar 2025.

Huber, Ernst Rudolf: Deutsche Verfassungsgeschichte seit 1789, Band VI: Die Weimarer Reichsverfassung, Stuttgart/Berlin/Köln/Mainz 1981.

Huber, Peter Michael/Voßkuhle, Andreas (Hrsg.): Grundgesetz. Kommentar, Bd. III, 8. Aufl., München 2024.

Huster, Stefan: Die ethische Neutralität des Staates. Eine liberale Interpretation der Verfassung, 2. Aufl., Tübingen 2017.

Ibàn, Ivá C.: State and Church in Spain, in: Robbers, Gerhard (Hrsg.), State and Church in the European Union, 3rd ed., Baden-Baden 2019, S. 195 ff.

Isak, Axel: Das Selbstverständnis der Kirchen und Religionsgemeinschaften, Berlin 1994.

Jeand'Heur, Bernd/Korioth, Stefan: Grundzüge des Staatskirchenrechts, Stuttgart u. a. 2000.

Kästner, Karl-Hermann: Religiöse Bildung und Erziehung in der öffentlichen Schule – Grundlagen und Tragweite der Verfassungsgarantie des staatlichen Religionsunterrichts, EssGspr. 32 (1998), S. 61 ff.

ders.: Hypertrophie des Grundrechts auf Religionsfreiheit?, JZ 1998, S. 974 ff.

ders.: Religionsunterricht, in: Heinig, Hans Michael/Munsonius, Hendrik (Hrsg.), 100 Begriffe aus dem Staatskirchenrecht, 2. Aufl. Tübingen 2015, S. 222 ff.

Kahl, Wolfgang/Waldhoff, Christian/Walter, Christian (Hrsg.): Bonner Kommentar zum Grundgesetz, München, Stand: Oktober 2024.

Kenngott, Eva-Maria: Religion unterrichten in Bremen, in: Rothgangel, Martin/Schröder, Bernd (Hrsg.), Religionsunterricht in den Ländern der Bundesrepublik Deutschland. Neue empirische Daten – Kontexte – Aktuelle Entwicklungen, Leipzig 2020, S. 129 ff.

Korioth, Stefan: Vom institutionellen Staatskirchenrecht zum grundrechtlichen Religionsverfassungsrecht? Chancen und Gefahren eines Bedeutungswandels des Art. 140 GG, in: Brenner, Michael/Huber, Peter Michael/Möstl, Markus (Hrsg.), Der Staat des Grundgesetzes – Kontinuität und Wandel. Festschrift für Peter Badura zum siebzigsten Geburtstag, Tübingen 2004, S. 727 ff.

ders.: Der Auftrag des Religionsunterrichts nach Art. 7Abs. 3 GG, EssGspr. 49 (2016), S. 7 ff.

ders.: Das Selbstbestimmungsrecht der Religionsgemeinschaften, in: Pirson, Dietrich/Rüfner, Wolfgang/Germann, Michael/Muckel, Stefan (Hrsg.,), HStKR Bd. II, 3. Aufl., Berlin 2020, S. 651 ff.

Kremser, Holger: Das verfassungsrechtliche Verhältnis von Religions- und Ethikunterricht – dargestellt am Beispiel Berlins, DVBl. 2008, S. 607 ff.

Kühne, Jörg-Detlef: Die Entstehung der Weimarer Reichsverfassung. Grundlagen und anfängliche Geltung, Düsseldorf 2018.

Landé, Walter: Die staatsrechtlichen Grundlagen des deutschen Unterrichtswesens, in: Anschütz, Gerhard/Thoma, Richard (Hrsg.), Handbuch des Deutschen Staatsrechts, Bd. II, Tübingen 1932, S. 699 ff.

Landthaler, Bruno: Jüdischer Religionsunterricht und säkulare Gesellschaft, in: Klaphek, Elisa/Landthaler, Bruno/Rappoport, Rosa (Hrsg.), Deutschland braucht jüdischen Religionsunterricht, Leipzig 2019.

Lenz, Petra: Religionskunde (und Religion) unterrichten in Brandenburg, in: Rothgangel, Martin/Schröder, Bernd (Hrsg.), Religionsunterricht in den Ländern der Bundesrepublik Deutschland. Neue empirische Daten – Kontexte – Aktuelle Entwicklungen, Leipzig 2020, S. 97 ff.

Leonhard, Silke/Paeßens, Jutta: Religionslehrkräfte auf den christlichen Religionsunterricht vorbereiten. Überlegungen zur Ausgestaltung der Religionslehrkräftefortbildung, in: Heinig, Hans Michael/Hense, Ansgar/Lindner, Konstantin/Simojoki, Henrik (Hrsg.), Christlicher Religionsunterricht (CRU), Tübingen 2024, S. 327 ff.

Link, Christoph: Die Rechtsnatur des bremischen „Unterrichts in Biblischer Geschichte auf allgemein christlicher Grundlage (Art. 32 Brem.Verf) und die sich daraus für die religionspädagogische Ausbildung im Lande Bremen ergebenden Konsequenzen, ZevKR 24 (1979), S. 54 ff.

ders.: Konfessioneller Religionsunterricht in einer gewandelten sozialen Wirklichkeit? Zur Verfassungskonformität des Hamburger Religionsunterrichts „für Alle", ZevKR 46 (2001), S. 257 ff.

ders.: „LER", Religionsunterricht und das deutsche Staatskirchenrecht (2001), in: ders., Gesammelte Abhandlungen zu Geschichte und Gegenwart des Rechts in Staat und Kirche, Teilband II: Gegenwart des Rechts in Staat und Kirche, hrsg. von de Wall, Heinrich/Germann, Michael, Tübingen 2020, S. 1272 ff.

ders.: Religionsunterricht in Deutschland, ZevKR 47 (2002); S. 449 ff.

ders.: Neutralität (2003), in: ders., Gesammelte Abhandlungen zu Geschichte und Gegenwart des Rechts in Staat und Kirche, Teilband II: Gegenwart des Rechts in Staat und Kirche, hrsg. von de Wall, Heinrich/Germann, Michael, Tübingen 2020, S. 1043 ff.

ders.: Verfassungsrechtliche Gestaltungsspielräume für die Weiterentwicklung eines dialogischen „Religionsunterrichts für Alle" in Hamburg (2008),), in: ders., Gesammelte Abhandlungen zu Geschichte und Gegenwart des Rechts in Staat und Kirche, Teilband II: Gegenwart des Rechts in Staat und Kirche, hrsg. von de Wall, Heinrich/Germann, Michael, Tübingen 2020, S. 1377 ff.

ders.: Kirchliche Rechtsgeschichte. Kirche, Staat und Recht in der europäischen Geschichte von den Anfängen bis ins 21. Jahrhundert, 3. Aufl. München 2016.

Manten, Georg: Konfessioneller Religionsunterricht in öffentlichen Schulen unter den Bedingungen des 21. Jahrhunderts, in: Müller, Ludger/Ohly, Christoph/Haering, Stephan (Hrsg.), Rechtskultur und Rechtspflege in der Kirche. Festschrift für Wilhelm Rees, Berlin 2020, S. 1033 ff.

ders.: Konfessioneller Religionsunterricht an öffentlichen Schulen vor, während und nach „Corona": Ein Plädoyer für Verfassungskonformität und Interdisziplinarität, ZevKR 66 (2012), S. 408 ff.

ders.: Verfassungsrechtliche Grenzen und Möglichkeiten der Kooperation beim Religionsunterricht, in: Heinig, Hans Michael/Hense, Ansgar/Lindner, Konstantin/Simojoki, Henrik (Hrsg.), Christlicher Religionsunterricht (CRU), Tübingen 2024, S. 73 ff.

Maurer, Hartmut: Die verfassungsrechtliche Grundlage des Religionsunterrichts (1998), in: ders., Abhandlungen zum Kirchenrecht und Staatskirchenrecht, Tübingen 1998, S. 234 ff.

ders.: Wandel des Staates vor den Herausforderungen der Gegenwart, in: Eberle, Carl-Eugen/Ibler, Martin/Lorenz, Dieter (Hrsg.), Der Wandel des Staates vor den Herausforderungen der Gegenwart. Festschrift für Winfried Brohm, München 2002, S. 455 ff.

ders.: Die Schranken der Religionsfreiheit, ZevKR 49 (2004), S. 311 ff.

ders.: Der verfassungsgerichtliche Rechtsschutz der Gemeinden, politischen Parteien und Kirchen, in: Grote, Rainer/Härtel, Ines/Hain, Karl-Eberhard u. a. (Hrsg.), Die Ordnung der Freiheit. Festschrift für Christian Starck zum siebzigsten Geburtstag, Tübingen 2007, S. 335 ff.

Mazzola, Roberto: State and Church in Italy, in: Robbers, Gerhard (Hrsg.), State and Church in the European Union, 3rd ed., Baden-Baden 2019, S. 265 ff.

Meckel, Thomas: „Die Zukunft des konfessionellen Religionsunterrichts" – Die Konfessionalität des Religionsunterrichts aus der Sicht des Kirchenrechts und des Religionsrechts, in: Gerosa, Libero/Ohly, Christoph/Rees, Wilhelm (Hrsg.), Theologia Iuris Canonici. Festschrift für Ludger Müller, Berlin 2017, S. 825 ff.

Messner, Francis: State and Church in France, in: Robbers, Gerhard (Hrsg.), State and Church in the European Union, 3rd ed., Baden-Baden 2019, S. 213 ff.

Möllers, Christoph: Religiöse Freiheit als Gefahr?, VVDStRL 68 (2009), S. 47 ff.

Morlok, Martin: Selbstverständnis als Rechtskriterium, Tübingen 1993.

ders.: Die korporative Religionsfreiheit und das Selbstbestimmungsrecht nach Art. 140 GG/Art. 137 Abs. 3 WRV einschließlich ihrer Schranken, in: Heinig/Walter (Hrsg.), Staatskirchenrecht oder Religionsverfassungsrecht? Ein begriffspolitischer Grundsatzstreit, Tübingen 2007, S. 185 ff.

Mückl, Stefan: Staatskirchenrechtliche Regelungen zum Religionsunterricht, AöR 122 (1997), S. 513 ff.

ders.: Konfessionalität des Religionsunterrichts im Wandel?, in: Manssen, Gerrit/Jachmann, Monika/Gröpl, Christoph (Hrsg.), Nach geltendem Verfassungsrecht. Festschrift für Udo Steiner zum 70. Geburtstag, Stuttgart 2009, S. 542 ff.

ders.: Religionsunterricht bikonfessionell, ökumenisch, multireligiös, ZevKR 64 (2019), S. 225 ff.

Münch, Ingo von/Kunig, Philip (Hrsg.): Grundgesetz. Kommentar, 7. Aufl., München 2021.

Munsonius, Hendrik: Zur Übereinstimmung eines christlichen Religionsunterrichts mit den Grundsätzen der evangelischen Kirche, in: Heinig, Hans Michael/Hense, Ansgar/Lindner, Konstantin/Simojoki, Henrik (Hrsg.), Christlicher Religionsunterricht (CRU), Tübingen 2024, S. 93 ff.

ders.: Evangelisches Kirchenrecht. Grundlagen und Grundzüge, 2. Aufl., Tübingen 2024.

Neureither, Georg: Die jüngere Rechtsprechung des BVerfG im Kontext von Recht und Religion, NVwZ 2011, 1192 ff.

Oebbecke, Janbernd: Reichweite und Voraussetzungen der grundgesetzlichen Garantie des Religionsunterrichts, DVBl. 1996, S. 336 ff.

ders.: Art. 7 Abs. 3 GG und die Weiterentwicklung des Religionsunterrichts, in: Kubik, Andreas/Klinger, Susanne/Saglam, Coskun (Hrsg.), Neuvermessung des Religionsunterrichts nach Art. 7 Abs. 3 GG. Zur Zukunft religiöser Bildung, Osnabrück 2022, S. 69 ff.

Ogorek, Markus: Religionsunterricht, in: Pirson, Dietrich/Rüfner, Wolfgang/Germann, Michael/Muckel, Stefan (Hrsg.,), HStKR Bd. II, 3. Aufl., Berlin 2020, S. 1799 ff.

Pohl-Patalong, Uta/Woyke, Johannes/Boll, Stefanie/Dittrich, Thorsten/Lüdke, Antonia Elisa: Konfessioneller Religionsunterricht in religiöser Vielfalt. Eine empirische Studie zum evangelischen Religionsunterricht in Schleswig-Holstein, Stuttgart 2016,

Pollack, Detlef: Die Zukunft der Religion in modernen Gesellschaften, in: Dürnberger, Martin (Hrsg.), Wie geht es weiter? Zur Zukunft des Wissensgesellschaft, Innsbruck/Wien 2023, S. 9 ff.

Poscher, Ralf: Religions- oder Religionskundeunterricht? Eine Fallstudie zu einer verfassungsrechtlichen Dichotomie am Beispiel des Bremer Unterrichts in Biblischer Geschichte, RdJB 4 (2006), S. 460 ff.

ders.: Zur Verfassungsmäßigkeit eines gemeinsam verantworteten christlichen Religionsunterrichts (2022), in: Heinig, Hans Michael/Hense, Ansgar/Lindner, Konstantin/Simojoki, Henrik (Hrsg.), Christlicher Religionsunterricht (CRU), Tübingen 2024, S. 19 ff.

Rees, Wilhelm: Der Religionsunterricht, in: Haering, Stephan/Rees, Wilhelm/Schmitz, Herbert (Hrsg.), Handbuch des katholischen Kirchenrechts, 3. Aufl., Regensburg 2015, S. 1018 ff.

Renck, Ludwig: Religionsunterricht in den neuen Ländern, LKV 1993, S. 88 ff.

ders.: Über positive und negative Religionsfreiheit, NvWZ 1994, S. 544 ff.

ders.: Zum Stand des Bekenntnisverfassungsrechts in der Bundesrepublik, BayVBl. 1999, S. 70 ff.

ders.: Der obligatorische Ethikunterricht in Berlin, NJ 2008, S. 495 ff.

Richter, Ludwig: Kirche und Schule in den Beratungen der Weimarer Nationalversammlung, Düsseldorf 1996.

Richter, Martin: Schulische Bildung, in: Anke, Hans Ulrich/de Wall, Heinrich/Heinig, Hans Michael (Hrsg.), HevKR, Tübingen 2016, S. 726 ff.

Rösener, Christiane/Nagel, Günter: Studienreferendar:innen für den christlichen Religionsunterricht ausbilden. Überlegungen zur Ausgestaltung der zweiten Phase der Religionslehrer:innenbildung, in: Heinig, Hans Michael/Hense, Ansgar/Lindner, Konstantin/Simojoki, Henrik (Hrsg.), Christlicher Religionsunterricht (CRU), Tübingen 2024, S. 319 ff.

Rosenkötter, Maren: Die Establishment Clause der U.S. Verfassung und staatliche Unterstützung religiöser Privatschulen, Frankfurt/M. 2011.

Sachs, Michael: Grundgesetz. Kommentar, 10. Aufl., München 2024

Scheliha, Arnulf von/Wißmann, Hinnerk: Religionsunterricht 4.0. Eine religionspolitische Erörterung in rechtswissenschaftlicher und ethischer Perspektive, Tübingen 2024.

Schlink, Bernhard: Religionsunterricht in den neuen Ländern, NJW 1992, S. 1008 ff.

ders./Poscher, Ralf: Der Verfassungskompromiss zum Religionsunterricht. Art. 7 Abs. 3 und Art. 141 GG im Kampf des Parlamentarischen Rates um die „Lebensordnungen", Baden-Baden 2000.

Schmidt, Thorsten Ingo: LER – Der Vergleich vor dem BVerfG, NVwZ 2002, S. 980 ff.

Schoch, Friedrich: Die Grundrechtsdogmatik vor den Herausforderungen einer multikonfessionellen Gesellschaft, in: Bohnert, Joachim/Gramm, Christoph/Kindhäuser, Urs/Lege, Joachim/Rinken, Alfred/Robbers, Gerhard (Hrsg.), Verfassung – Philosophie – Kirche. Festschrift für Alexander Hollerbach zum 70. Geburtstag, 2001, S. 149 ff.

Schröder, Bernd/Schambeck, Mirjam: Der christliche Religionsunterricht im sich verändernden schulischen Kontext, in: Heinig, Hans Michael/Hense, Ansgar/Lindner, Konstantin/Simojoki, Henrik (Hrsg.), Christlicher Religionsunterricht (CRU), Tübingen 2024, S. 225 ff.

Schulreferentinnen und Schulreferenten der evangelischen Kirchen und katholischen Bistümer in Niedersachsen: Christlicher Religionsunterricht. Ein Positionspapier, Mai 2021, https://www.religionsunterricht-in-niedersachsen.de/damfiles/default/religionsunterricht_in_niedersachsen/Downloads/2021/Positionspapier-CRU.pdf-9179304c9969e8160eef56fa8a2e2dd2.pdf.

Simojoki, Henrik/Lindner, Konstantin/Hense, Ansgar/Heinig, Hans Michael: Einleitung, in: dies., Christlicher Religionsunterricht (CRU), Tübingen 2024, S. 1 ff.

Smend, Rudolf: Staat und Kirche nach dem Grundgesetz (1951), in: ders., Abhandlungen zum Kirchen- und Staatskirchenrecht, hrsg. von Hans-Michael Heinig, Hendrik Munsonius und Jens Reisgies, Tübingen 2019, S. 3 ff.

ders.: Das Bundesverfassungsgericht. Festvortrag zur Feier des zehnjährigen Bestehens des Bundesverfassungsgerichts am 26. Januar

1962, in: ders.: Staatsrechtliche Abhandlungen und andere Aufsätze, 3. Aufl., Berlin 1994, S. 581 ff.

Starck, Christian: Religionsunterricht und Verfassung. Eine rechtsvergleichende Betrachtung, in: de Wall, Heinrich/Germann, Michael (Hrsg.), Bürgerliche Freiheit und Christliche Verantwortung. Festschrift für Christoph Link zum siebzigsten Geburtstag, Tübingen 2003, S. 483 ff.

Stern, Klaus: Das Staatsrecht der Bundesrepublik Deutschland, Bd. IV/1: Die einzelnen Grundrechte, München 2006; Bd. IV/2: Die einzelnen Grundrechte, München 2011.

Tangermann, Christoph: Die Bremer Klausel (Art. 141 GG) angesichts neuer Fragestellungen. Zugleich ein Beitrag zur Zukunft des Religionsunterrichts in der multireligiösen Gesellschaft, ZevKR 50 (2005), S. 184 ff.

Thoma, Richard: Die juristische Bedeutung der grundrechtlichen Sätze der deutschen Reichsverfassung im allgemeinen, in: Nipperdey, Hans Carl (Hrsg.), Die Grundrechte und Grundpflichten der Reichsverfassung, Bd. I, Berlin 1929, S. 1 ff.

Ulfat, Fatimah/Engelhardt, Jan Felix/Yavuz, Esta: Islamischer Religionsunterricht in Deutschland. Qualität, Rahmenbedingungen und Umsetzung, Frankfurt/M. 2021.

Uhle, Arnd: Die Verfassungsgarantie des Religionsunterrichts und ihre territoriale Reichweite, DÖV 1997, S. 409 ff.

ders.: Staat – Kirche – Kultur, Tübingen 2004.

Unruh, Peter: Zur Dogmatik der grundrechtlichen Schutzpflichten, Berlin 1996.

ders.: Der Verfassungsbegriff des Grundgesetzes. Eine verfassungstheoretische Rekonstruktion, Tübingen 2001.

ders.: Zur Verfassungsmäßigkeit des obligatorischen Ethikunterrichts – Anmerkungen zum Religions- und Ethikunterricht in Berlin, DÖV 2007, S. 625 ff.

ders.: Kirche(n) und Staat im demokratischen Verfassungsstaat – Grundlagen und Probleme, in: Knopp, Lothar/Wolff, Heinrich Amadeus (Hrsg.), Umwelt-Hochschule-Staat. Festschrift für Franz-Joseph Peine zum 70. Geburtstag, Berlin 2016, S. 603 ff.

ders.: Zur Dekonstruktion des Religionsverfassungsrechts durch den EuGH im Kontext des kirchlichen Arbeitsrechts, ZevKR 64 (2019), S. 188 ff.

ders.: Religionsverfassungsrecht, 5. Aufl. Baden-Baden 2024.

Vinding, Niels Waldemar: State and Church in Denmark, in: Gerhard Robbers (Hrsg.), State and Church in the European Union, 3rd ed., Baden-Baden 2019, S. 87 ff.

Waldhoff, Christian: Die Zukunft des Staatskirchenrechts, EssGspr. 42 (2008), S. 55 ff.

ders.: Was bedeutet religiös-weltanschauliche Neutralität des Staates?, in: Honecker, Martin (Hrsg.), Gleichheit der Religionen im Grundgesetz?, Paderborn u. a. 2011, S. 17 ff.

ders.: Staatskirchenrecht – Eine Begriffsbestimmung, in: Thomas Holzner/Hannes Ludyga (Hrsg.), Entwicklungstendenzen des Staatskirchen- und Religionsverfassungsrechts. Ausgewählte begrifflich-systematische, historische, gegenwartsbezogene und biografische Bezüge, Paderborn u. a. 2013, S. 13 ff.

ders.: Theologie an staatlichen Hochschulen, in: Pirson, Dietrich/Rüfner, Wolfgang/Germann, Michael/Muckel, Stefan (Hrsg.,), HStKR Bd. II, 3. Aufl., Berlin 2020, S. 1892 ff.

Walter, Christian: Staatskirchenrecht oder Religionsverfassungsrecht, in: Grote, Rainer/Marauhn, Thilo (Hrsg.), Religionsfreiheit zwischen individueller Selbstbestimmung, Minderheitenschutz und Staatskirchenrecht – Völker- und verfassungsrechtliche Perspektiven, Berlin u. a. 2001, S. 215 ff.

ders.: Religionsverfassungsrecht in vergleichender und internationaler Perspektive, Tübingen 2006.

Weber, Hermann: Diskussionsbeitrag, EssGspr. 42 (2008), S. 114.

Willems, Joachim: Religionsunterricht und Religionsfreiheit: juristische, politische und pädagogische Perspektiven, in: Liedhegener, Antonius/Werkner, Ines-Jacqueline (Hrsg.), Religion, Menschenrechte und Menschenrechtspolitik, Wiesbaden 2010, S. 280 ff.

Wißmann, Hinnerk: Religionsunterricht für alle? Zum Beitrag des Religionsverfassungsrechts für die pluralistische Gesellschaft, Tübingen 2019.

ders.: Konfession und Kooperation. Anmerkungen zur Rechtsentwicklung des Religionsunterrichts, in: Heinig, Hans Michael/

Hense, Ansgar/Lindner, Konstantin/Simojoki, Henrik (Hrsg.), Christlicher Religionsunterricht (CRU), Tübingen 2024, S. 55 ff.

Sach- und Personenverzeichnis